相続・認知症で家族を困らせないための

完全対策マニュアル

全国相続サポートセンター 代表
㈱福岡相続サポートセンター 代表取締役社長
江頭 寛

現代書林

まえがき

私は長年、相続支援コンサルタント並びに相続コーディネーターとして、多くの人の相続の相談に乗ってきました。全国各地で相続対策セミナーを開催してお話しもさせていただいています。そういうなかで感じることは、以前に比べて、相続対策の必要性を認識している人が増えたように思われることです。これは私にとって非常に喜ばしいことです。

それでも、いまだに相続対策というと、お金持ちの話だろうと思っている人が多いのも事実です。なぜ、そういうイメージが定着しているかといえば、「相続対策＝相続税対策」だと感じている人が多いからでしょう。「うちは資産家でもないし、相続税を支払う心配もないから相続対策なんて必要ない」と思っているのかもしれません。

しかし、ご存じのように、税制改正により平成27年から相続税の基礎控除額が大幅に引き下げられました。例えば、それ以前は、相続人が2人の場合、基礎控除額は7000万円だったものが、税制改正後は4200万円まで引き下げられています。以前なら無関係だと笑っていられた人も、相続税の心配をしなくてはならなくなっているのです。

預貯金に余裕があれば別ですが、財産の大半が自宅などの不動産だという場合は深刻な状況に追い込まれてしまいます。最悪の場合、住み慣れた家を売却して納税資金を作らなければならなくなることもあるのです。

また、相続対策が必要なのは、相続税に関することだけではありません。実は、残された相続人同士で相続争いが起こることが多いという事実があります。

それは人々の意識の変化が大きく影響していると思われます。以前は「家は長男が継ぐもの」と相場が決まっていましたが、いまは長男も次男も平等に育てられ、権利意識も高くなっています。

父親が亡くなれば、長男も次男も同じように相続の権利を主張します。そこに、それぞれの配偶者や子供たちなどが口出ししてくるのですから、相続争いは熾烈を極めます。話し合いがまとまらなければ、家庭裁判所の調停・審判に委ねられることも多々あるのです。

実際、近年の遺産分割事件（家事調停・審判）の新受件数は年間約1万5000件にも上っています。これは昭和30年の約5倍以上の件数です。しかも、その遺産額は5000万円以下が70％以上を占め、そのうちの約半数が1000万円以下なのです。

このデータを見ても、「うちは財産が少ないから、相続争いなんてない」と思うのは大きなまちがいだといえるでしょう。ましてや「子供たち同士、仲がいいから争うなんてことは考えられない」というのも幻想に過ぎません。家族同士でもお金が絡むと、人が変わったりするものなのです。

自分が亡くなった後に家族が争うことなど、誰も望まないと思います。「相続」が「争続」にならないためにも、元気なうちから相続対策をしておく必要があります。

さらに、最近は超高齢社会で認知症になる人が増えています。親が認知症になったり、あるいは自分が将来、認知症になったりすることも考えられます。認知症などにより判断能力が不十分な人は、財産分けの話し合いに参加することができず、また、自分自身で財産管理や法律行為をすることができなくなるため、法定後見人の選任が必要となります。

元気なうちに相続対策を講じることが、残された家族の幸せにつながるのです。本書には、相続対策のイロハがわかりやすく書かれています。どこから手をつけたらいいかわからない人を念頭に、順を追って理解できるような内容にしたつもりです。

相続のことで悩んでいる人はもちろん、これから相続を迎える人にとっての一助になれば幸いです。

２０１８年５月

全国相続サポートセンター 代表
㈱福岡相続サポートセンター 代表取締役社長
江頭 寛

相続・認知症で家族を困らせないための **完全対策マニュアル**

もくじ

第2章 いますぐにでもやっておきたい遺産分割対策 …… 49

第3章

認知症になったら、相続はこんなに大変

第4章 争続にならないための遺言書の作り方

第5章 知っておきたい節税の手法

第6章 頼れる相続のスペシャリスト……195

櫻井竜三（盛岡アート相続サポートセンター）／奥山裕樹（仙台平和相続サポートセンター）／北嶋暢哉（秋田住宅流通相続サポートセンター）／鎌田孝太郎（郡山相続サポートセンター郡中）／菊地信之・松本俊介（栃木相続サポートセンター三和）／三輪圭一・矢島弘一（群馬総合土地販売相続サポートセンター）／鎌田康臣（埼玉フレンド相続サポートセンター）／小山哲央（埼玉相続サポートセンターマルヨシ）／金田隆臣（ふじみプラバンス相続サポートセンター）／小田切一仁（平和相続サポートセンター埼玉）／金子祐勝（東京相続サポートセンターESTATE TOWA）／高地健太郎（東京・神奈川相続サポートセンター東都）／小松崎祐一（東京MEIWA相続サポートセンター）／林　雄一郎（シティ・ハウジング相続サポートセンター大田品川）／飯嶋　実（やまと相続サポートセンター小菅不動産）／清水　実（鎌倉湘南宅建相続サポートセンター）／真道陽一（湘南相続サポートセンター豊栄）／高野慎也（富山相続サポートセンターASAHI）／絹川忠宏（いしかわ相続サポートセンター絹川商事）／佐々木幸司（大阪宅都相続サポートセンター）／松本　智（兵庫プロメイン相続サポートセンター）／久保勝美（岡山ありき相続サポートセンター津山）／杉野高弘（びんご相続サポートセンタータカハシ）／髙山伸介（広島五日市相続サポートセンター島根不動産）／國本博文（広島相続サポートセンタープランニングサプライ）／冨士井靖之（広島相続サポートセンター良和ハウス）／松田昴也（徳島相続サポートセンターCITY）／野津靖生（香川相続サポートセンターコスモ）／秋山弥一（愛媛相続サポートセンター一宮興産）／岩城智子（高知中央相続サポートセンター）／石原孝七郎（北九州アンサー相続サポートセンター）／江頭　寛（株）福岡相続サポートセンター）／佐藤　洋（大分ぶんき相続サポートセンター）／裁原正和（MBC開発鹿児島相続サポートセンター）／新里紗弥子（沖縄不動産相続サポートセンター（有）拓実住宅）／仲間径祐（大鏡相続サポートセンターおきなわ）／喜瀬周二（てるまさ沖縄相続サポートセンター）

第1章

相続の基本を知ろう

誰にとっても必要な相続対策

節税だけが相続対策ではない

一般的に『相続対策』というと『相続税対策』だと思っている方が多いようです。そのため、「うちには財産がないから相続対策なんて必要ない」「子供たちはみんな、仲がいいから財産分けでもめることなどない」とおっしゃいます。

ところが、実際には財産のあるなしにかかわらず、もめる家庭が多いのが実状です。私が受ける相談でも、相続税に関するものより、誰に何を分けるかという遺産分割についてのものが多いといっていいでしょう。

なぜ、もめるかといえば、残された財産には家や土地などの不動産が含まれることが多いからです。現金なら簡単に分けることもできますが、不動産となると、すっきりと分けることがむずかしくなります。

そのため、相続人同士の話し合いの過程で、「親の面倒を最後まで見たのは、長男の自分だ」とか「自分はマイホームの資金などの援助を受けていないから、遺産は多めにもらいたい」などと、被相続人との関係や個人的な感情などが頭をもたげ、相続争いに発展してしまいます。まさに骨肉の争いとなり、兄弟姉妹が仲違いするケースも珍しくありません。

財産の総額が基礎控除内におさまり、相続税とは無縁の家庭であっても、相続対策は必要なのです。誰しもがいずれは亡くなります。自分の死後、残された家族が争うことのないように、生きているうちに相続対策を考えることが大切だといえるでしょう。

相続対策の3つのポイント

相続対策には、次の3つのポイントがあります。

(1) 遺産分割対策

自分が生きている間に、財産をどのように分けるか、誰にどの財産を与えるかを決めておき、自分の死後、家族に相続争いが起こらないようにします。方法としては、主だった財産を生前に家族に贈与する、遺言書を残して家族に財産と自分の思いを託す、遺言代用信託を活用する、などがあります。相続が「争続」にならないように生前にできることはやっておきましょう。

(2) 納税資金準備対策

人が亡くなると相続が開始され、10カ月以内に相続税の申告・納付をしなければなりません。しかも、現金での一括納付が原則です。預貯金などの財産が残されていれば支払いも可能ですが、土地や建物など不動産の割合が多いと、現金で納付することがむずかしくなります。

現金による一括納付ができない場合には、分割払いにしたり、不動産そのものを納めるといった方法もあります。やはり10カ月以内にすべての条件を整えて申請することが必要で、間に合わない可能性も出てきます。しかも、申請しても税務署が認めてくれるとは限りません。

そうならないためにも、生きている間に生前贈与や生命保険の活用、賃貸アパートやマンションの建築といった対策を立てておく必要があります。

ただし、誰にでも相続税がかかるわけではありません。相続税には基礎控除があり、それよりも財産の総額が多い場合に納付する義務が出てきます（※詳しくは94ページ）。相続税を納付する人の割合は全体の8％といわれ、92％の人には税金はかかってきません。それでも自分の財産を把握することは、前項の「遺産分割対策」をするためにも大事なことです。「財産なんて、ほとんどないから対策は必要ない」ということにはなりません。相続対策を考え、実行するには時間も気力も体力も必要です。元気なときこそ、自分が亡くなった後の対策を考えておくことが重要なのです。

（3）節税対策

資産総額の多い人が亡くなると、相続税を支払わなければなりません。人間の心理として「できるだけ少なく支払いたい」と思うのは世の常といえるでしょう。残された家族に「できるだけ多く財産を残しておきたい」という気持ちは誰もが持っているものです。

こうした思いを形にするためには、ある程度時間をかけて計画的に対策を講じることが大切です。資産家ほど若い頃から対策を練っています。資産の状況や家族構成などによって方法は異なりますが、生

図1　相続対策の3つの柱

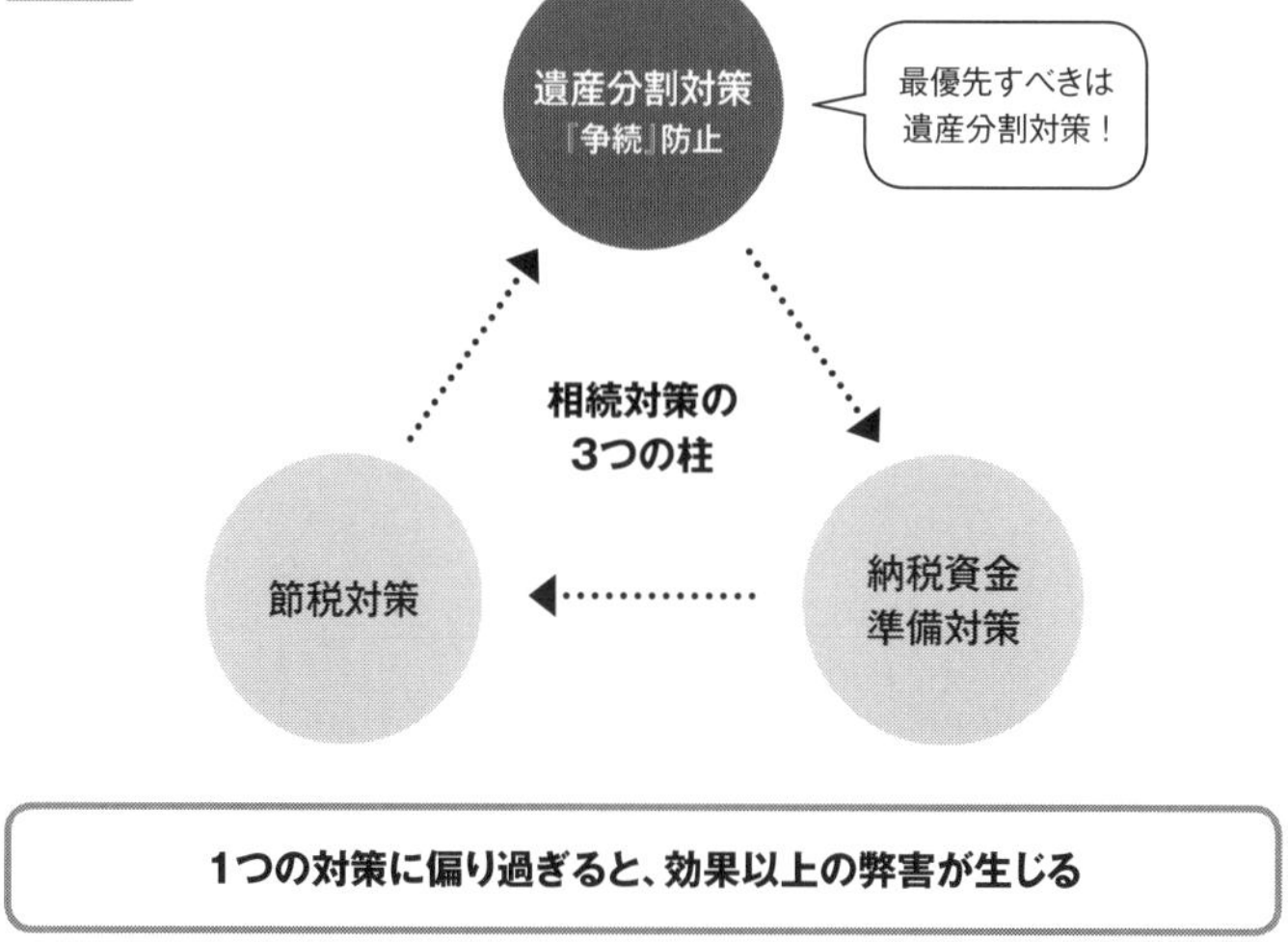

前贈与で資産を残す、養子縁組をして相続人を増やす、生命保険を活用する、遊休地に賃貸物件を建てるなどがあります（※詳しくは第5章）。

以上、（1）～（3）を総称して『相続対策』と呼んでいます。明らかに相続税がかからないという人は（1）の遺産分割対策だけ考えればいいことになります。

相続税がかかる人は、（1）～（3）の対策を講じる必要があります。その場合、優先順位をまちがえないことが重要です。ともすると、相続税を減らすための節税対策に目がいきがちですが、最も優先すべきは『遺産分割対策』です。これがうまくいかなければ、節税対策が相続争いの元になってしまうこともあります。自分の死後、家族が円満に相続できるように今から準備しておきましょう。

相続の専門家に相談する

まず、最初に行うことは「相続」について勉強することです。本を読んだり、相続のセミナーに参加したり、インターネットで情報を集めるなど、いろいろな方法があります。法律のこと、税務的なこと、不動産のことなど、相続に関わる事柄のすべてを頭に入れるようにしましょう。専門家のように詳しくなる必要はありませんが、大まかな内容を理解していることがとても大事なのです。

その上で、いざ、相続対策を実行する段になったら、専門家の手を借ります。「専門家に相談するなら、自分で勉強する必要などないのでは？」と思われるかもしれませんが、概略的なことが頭に入っていないと、専門家の言っていることがさっぱりわかりません。いくら専門家のアドバイスに従って対策を講じたとしても、最終的な責任は自分にあるのです。一つひとつ納得した上で実行することが大切です。

相続に関する専門家は、内容によって変わります。法律のことなら弁護士、司法書士、行政書士、税金のことなら税理士、不動産の評価についてなら不動産鑑定士、土地家屋調査士、不動産コンサルティング技能士、宅地建物取引士、不動産管理会社、不動産販売メーカーといった専門家に相談します。トータル的なアドバイスを求めるなら、信託銀行やファイナンシャル・プランナー、私のような相続コーディネーターに相談するといいでしょう。

私が所属している㈱福岡相続サポートセンター並びに全国相続サポートセンターでは、税理士、弁護士、司法書士、不動産鑑定士、宅地建物取引士、土地家屋調査士、不動産コンサルティング技能士、ファイナンシャル・プランナーなど、相続に強い専門家とのネットワークがあり、総合的なアドバイスができます。全国に相続サポートセンターがありますので、相続対策に悩んだら、相談してみてください。

気をつけたいのは、相続に詳しい専門家でなければ意味がないということです。付き合いがあるからと、法人の財務関係をメインに担当している税理士に相続の相談をしても「節税するつもりが逆効果となってしまった」ということにもなりかねません。くれぐれも相続に関する知識とノウハウを持った専門家に相談するようにしましょう。

知っておきたい相続の基本

相続とは何か

亡くなった人が持っていた財産のすべての権利や義務を、その人と一定の関係にある人が引き継ぐことを「相続」といいます。一定の関係にある人とは、配偶者、子供、親、兄弟姉妹などのことで、彼らを「相続人」、相続させる人のことを「被相続人」と呼びます。

相続の発生は「被相続人が死亡したとき」あるいは「失踪宣告によって死亡したとみなされたとき」に起こります。

失踪宣告には「普通失踪宣告」と「特別失踪宣告」の2種類があります。

普通失踪宣告は、生死不明の状態が7年間継続した後、親族から家庭裁判所に申し立て、家裁による調査を経て、失踪の宣告がされると亡くなったと見なされ、相続が発生します。それにより、配偶者は婚姻関係が終了し、再婚することも可能となり、生命保険金なども給付されます。

特別失踪宣告とは、戦争地帯に赴いたり、沈没した船舶に乗船していたり、大きな災害に巻き込まれるなど、生死不明の状態が1年間継続した後、親族から家庭裁判所に申し立て、家裁による調査を経て、失踪の宣告がされると死亡したと判断され、相続が発生します。

誰が相続できるのか

亡くなった人が遺言を残していれば、それに従って相続が行われますが、遺言がない場合は、民法で定められた相続人が財産を取得することになります。民法で定められている相続人を「法定相続人」と呼びます。

まず、常に相続人となるのが、亡くなった人の「配偶者」です。被相続人と血縁関係はありませんが、人生のパートナーとして財産をともに築いてきたという意味合いから財産を相続する権利が与えられます。

ただし、配偶者は法律的な婚姻関係のある者をいいます。正式な婚姻届けを出していない内縁の配偶

図2　法定相続人の範囲

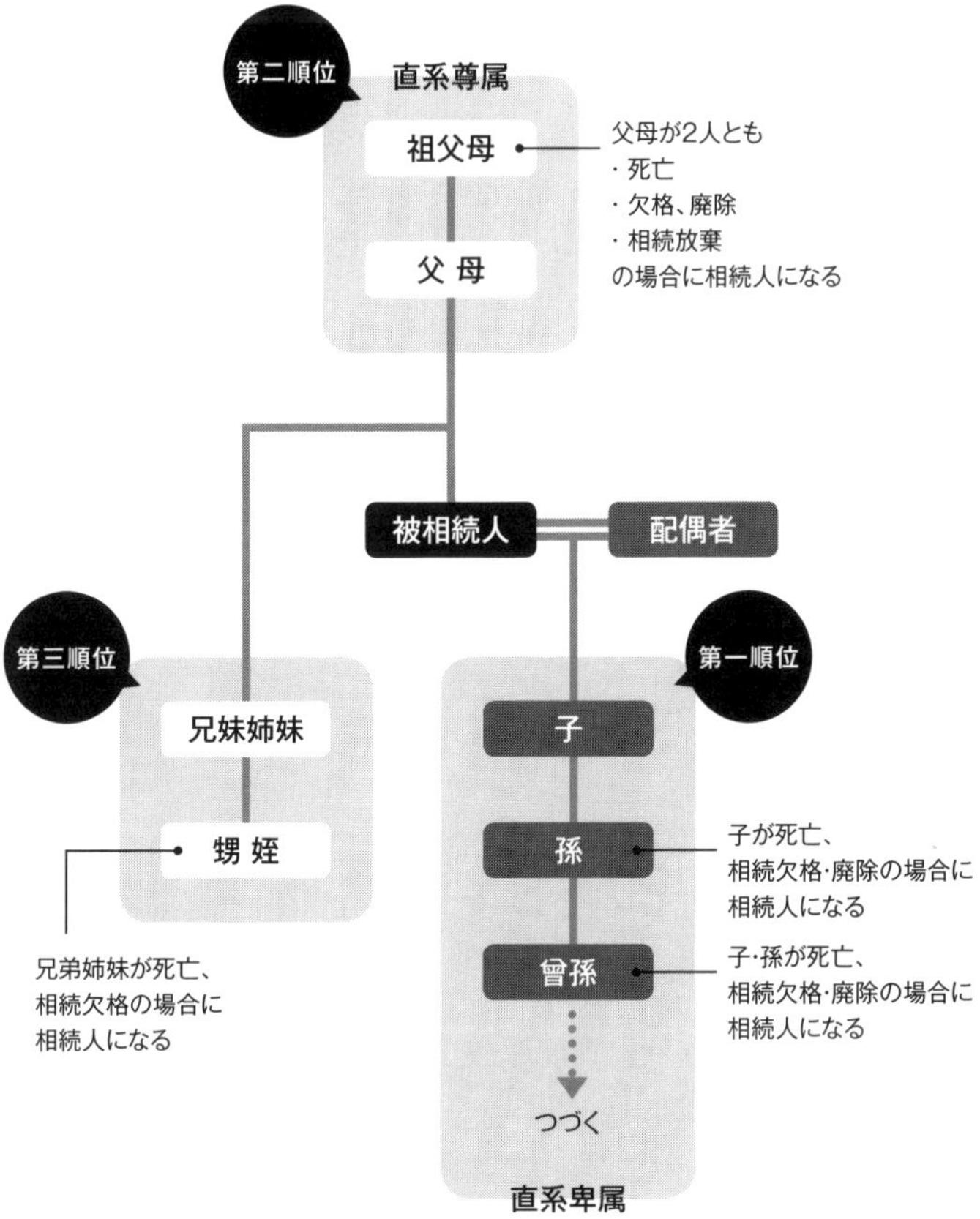
第二順位
直系尊属
祖父母
父 母
父母が2人とも
・死亡
・欠格、廃除
・相続放棄
の場合に相続人になる
被相続人
配偶者
第三順位
兄妹姉妹
甥 姪
兄弟姉妹が死亡、
相続欠格の場合に
相続人になる
第一順位
子
孫
子が死亡、
相続欠格・廃除の場合に
相続人になる
曾孫
子・孫が死亡、
相続欠格・廃除の場合に
相続人になる
つづく
直系卑属

者は相続人にはなれません。また、相続が発生した時点で離婚している場合も相続権はありません。

配偶者以外の相続人は、その他の家族ということになりますが、血縁関係があれば誰でも相続人になれるわけではありません。相続権には第一順位から第三順位までの優先順位があります。

第一順位には、直系卑属である子供がなります。子供が先に亡くなっていたり、相続欠格（被相続人を殺す、あるいは未遂により刑に服したり、被相続人を脅して遺言書を撤回させたり、遺言書を偽造、破棄したりして相続権を失うこと）や廃除（被相続人に対して虐待や侮辱、著しい非行を行い、被相続人から相続権を剥奪されること）により相続権がない場合には、さらにその子供（被相続人からみた孫）が相続権を引き継ぎます。これを「代襲相続」といいます。

孫が亡くなっている場合は、その子供（被相続人の曾孫）が権利を引き継ぐことになり（再代襲相続）、曾孫も亡くなっている場合には、その下の世代が引き継ぎます（再々代襲相続）。このように、理論上は何代でも下の世代に引き継がれることになります。

子供が生まれる前の胎児であっても、相続の権利は発生します。ただし、死産の場合は相続人からはずれます。

第一順位の子供などがいないときは、直系尊属である親や祖父母が第二順位の相続人となります。親が生きていれば親が相続人となり、親が2人とも亡くなっている場合などには、祖父母が相続人になります。

第一順位である子供も、第二順位である親や祖父母もいない場合には、兄弟姉妹が第三順位となります。兄弟姉妹が亡くなっている場合などは、その子供（被相続人の甥、姪）が代襲相続しますが、その下の世代には引き継がれません。

非嫡出子や養子は相続できるのか

法的な婚姻関係にある男女の間に生まれた子供を「嫡出子」、愛人関係や内縁関係にあった男女の間に生まれた子供を「非嫡出子」といいます。嫡出子には当然のこととして相続の権利がありますが、非嫡出子の場合、認知されていなければ父親の相続人にはなれません。認知されていれば、法定相続分は

相続問題は
お金持ちだけ？

図3　法定相続人の組み合わせと法定相続分

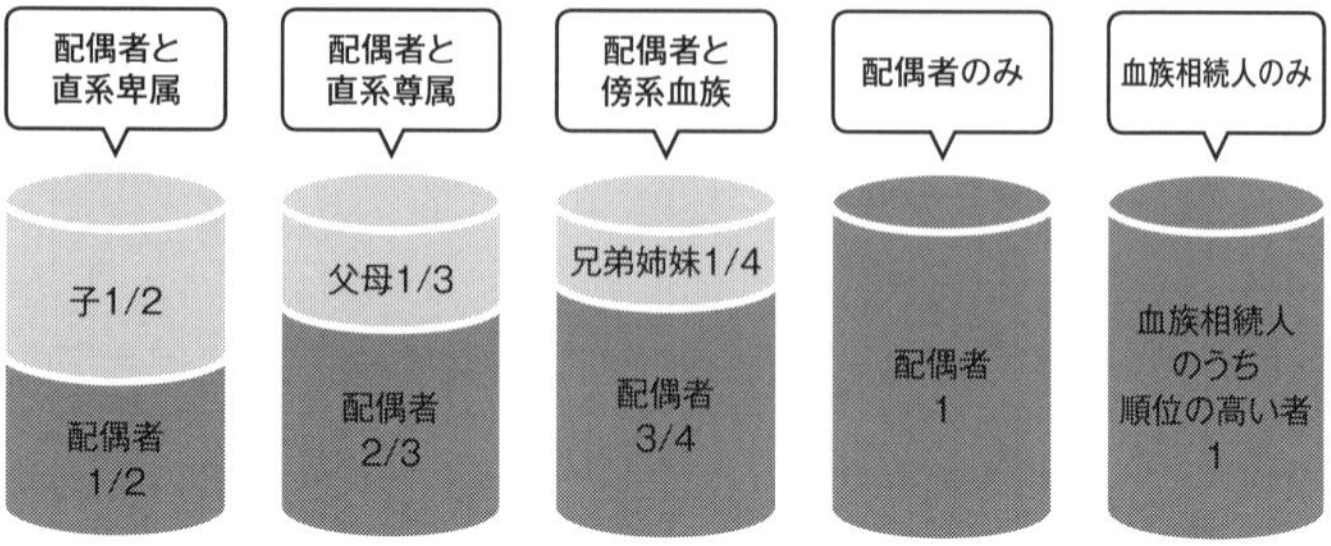

※同順位の血族相続人が2人以上いる場合は、原則して頭数で均等に按分
※子の子（被相続人の孫）や兄弟姉妹の子（被相続人の甥・姪）が代襲相続する場合は、本来子や兄弟姉妹が相続したであろう相続分をそのまま引き継ぐ
※被相続人の兄弟姉妹が相続人となる場合で、全血兄弟（被相続人と父母共に同じ兄弟姉妹）と半血兄弟（被相続人と片方の親のみを同じくする兄弟姉妹）がいる場合には、半血兄弟の相続分は全血兄弟の相続分の1/2

嫡出子と同じです。

普通養子（当事者の合意と届出のみで成立する）は、実親と養親の両方の相続権を持つことになります。ただし、特別養子縁組（実父母が養育できないなどの事情により、子供の利益のために家庭裁判所の審判によって成立する）による養子の場合は、養親の相続権のみを持つことになります。

また、再婚をした相手に子供がいた場合、被相続人とは血縁関係がないため、相続の権利はありません。その子にも相続権を与えたいという場合には、養子縁組をする必要があります。

どのくらい相続できるのか

民法により、法定相続人それぞれの財産の取り分が定められています。それを「法定相続分」といいます。法定相続分は、法定相続人の組み合わせによって決められています。

相続人が配偶者と直系卑属（子供）の場合、配偶者2分の1、子供2分の1となります。子供が複数いる場合は、2分の1の取り分を人数分で分けることになります。

相続人が配偶者と直系尊属（父母、祖父母）の場合、配偶者3分の2、父母あるいは祖父母3分の1となります。

相続人が配偶者と傍系血族（兄弟姉妹）の場合、配偶者4分の3、兄弟姉妹4分の1となります。

相続人が配偶者のみの場合は、すべての財産は配偶者に与えられます。

被相続人に配偶者がいない場合は、血族相続人のうち順位の高いものに相続されます。

ただし、民法で定められた法定相続分は、遺産の分配の基準となるもので、必ずしもこの通りに分けなければならないということではありません。被相続人の遺言があれば、それに従って遺産分割することになります。

遺言がない場合でも、法定相続人全員が参加する話し合い（遺産分割協議）での合意があれば、法定相続分とは違う割合で遺産分けすることも可能です。

法定相続人以外に財産を分けたいとき

法定相続人以外の人に財産を与えたい場合には、次のような方法があります。

■**生前に養子縁組をしておく**

前述したように、養子も実子と同じように法定相続人になれます。この養子制度を利用して法定相続人以外の人に相続の権利を与えることができます。

例えば、病気療養中の被相続人の世話を子供の嫁や孫がしてくれたので、それに報いたいという場合、嫁や孫と養子縁組すれば、相続人にすることができます。

■**生前贈与**

自分が生きている間に、相手に思い通りの財産を分け与えることができます。ただし、贈与する額によっては贈与税が発生することがあります。その点を考慮して実行しましょう（※詳しくは176ページ）。

■**遺言書の作成**

遺言を残しておけば、被相続人の好きなように財産分けができます（※詳しくは第4章）。

■**生命保険金の受取人に指定しておく**（※詳しくは184ページ）

生命保険に加入すれば、相続が発生した後、指定した受取人に死亡保険金が支払われます。ただし、受取人に関しては指定できない場合もありますので、事前に生命保険会社に確認する必要があります。

■**遺言代用信託の活用**

「遺言代用信託」とは、その名称の通り、遺言の代わりに信託を用いるもので、財産の承継方法を遺言書ではなく、信託契約書に記載します。例えば、遺言では先の先の指定はできませんが、遺言代用信託を利用すれば、子供の子供（孫）の世代、あるいはそれ以降に関しても財産の承継先を指定できます。また、法定相続人以外の者を指定しておくことも可能です。

遺言代用信託と似ているものに「遺言信託」があります。これは「自分の死後にこういう形の信託をスタートさせてほしい」という内容の文言を遺言の中に記載しておくというものです。あくまでも遺言の一種であるため、民法の規定に従った方式で作成しておかないと、結果的に無効となってしまいます。また、相続発生後に遺言の執行手続きが必要となり、手間と時間がかかります。

それに対し、遺言代用信託は、委託者と受託者との契約であり、遺言のような厳格な方式は定められておらず、相続発生後の遺言執行手続きも必要ありません。

相続の手続きはどう進むのか

大まかなスケジュール

被相続人が亡くなると、「相続」が開始されますが、予想以上にたくさんの手続きがあります。その中には、法律上、期限が決まっているものもあり、遅れてしまうと大変です。相続対策を考える上でも、どんな手続きが必要なのか、頭に入れておきましょう。
やるべきことを時系列で挙げると、次のようになります。

1 死亡届の提出
2 遺言書の有無の確認
3 相続人の確定
4 遺産・負債の調査
5 相続放棄・限定承認の申述
6 被相続人の所得税申告・納付
7 相続財産の確定
8 特別代理人の選任（相続人に未成年者または成年被後見人がいる場合）
9 遺産分割協議
10 不動産の相続登記・財産の名義変更
11 相続税の申告・納付

以上が相続の大まかな流れになります。それぞれの項目を詳しく説明します。

1 死亡届を提出する（死亡から7日以内）

近親者が亡くなったら、死亡届の提出をします。死亡届は医師からもらう死亡診断書と一体となっています。これを亡くなってから7日以内に市区町村役場に提出し、引き替えに火葬許可証を出してもらいます。最近では、こうした手続きを代行してやってくれる葬儀社もあるようです。

また、死亡診断書は、生命保険金を請求する際に必要になりますので、数通もらっておくといいでしょう。生命保険会社の中にはコピーでも受け付けてくれるところがありますので、確認してください。

2 遺言書の有無を確認する

遺言書があるかどうかで、その後の相続手続きが大きく変わります。できるだけ早い時期に遺言書の有無を確認します。

被相続人から遺言書がある場所を聞いていたり、親戚の誰かに預けていれば、手間取ることはありませんが、遺言を残しているかどうかもわからないとなると、家中を探し回ることになります。銀行の貸金庫に預けていたり、遺言書の作成に関わった専門家などに預けている場合もあるので、心当たりを当たってみましょう。

もし自筆の遺言書が見つかったら、その場で開封せず、必ず家庭裁判所に持っていきます。なぜなら、「検認」を受ける必要があるからです。検認とは、遺言書の形状や加除訂正の状態、日付、署名などを確認し、その後の遺言書の偽造や変造を防止するために行われるものです。

遺言書の提出を怠ったり、勝手に開封したりすると、5万円以下の過料（罰金）を支払うことになってしまいますので、注意してください。

また、検認を受けていない遺言書では、不動産の名義を変更したり、銀行の預金口座からの払い出しができませんので、必ず家庭裁判所で検認を受けましょう。

ただし、公証役場で作成された公正証書遺言であれば、原本が公証役場に保管されているため、偽造・変造のおそれがなく、相続発生後の家庭裁判所での検認も必要ありません。相続人の知らない間に公正証書遺言を作成している可能性もありますので、公証役場で確認してもらいましょう。

3　相続人を確定する

相続の手続きを開始する前に、相続人が誰なのかを把握する必要があります。そのためには、まず被相続人の最後の本籍地を確認し、除籍謄本を取ります。その上で、被相続人の出生から死亡するまでの連続した戸籍謄本をそろえます。

なぜ、遡って戸籍を調べるのかというと、父親が家族に内緒で愛人の子供を認知していたとか、親戚の子供を養子にしていたというようなことが、なきにしもあらず、だからです。もし、遺産分割手続きが終わった後に別の相続人が現れたり、他の相続人の存在がわかったりしたら、一からやり直しになってしまいます。

また、不動産の名義変更や預貯金口座の解約などをする際にも、法務局や金融機関から、被相続人の連続した戸籍謄本の提出を求められます。誰が公的な相続人になるのかを確かめる必要があるからです。

面倒だと思わずに実行しましょう。

こうした相続手続きを簡便にするために、平成29年5月29日から全国の登記所（法務局）で「法定相続情報証明制度」が開始されています。この制度では、被相続人と相続人の戸籍謄本の内容を一枚にまとめた「法定相続情報一覧図の写し」が発行され、相続手続きをする際、戸籍謄本一式の代わりにこの写し1枚を用意するだけで、不動産の名義変更や金融機関での預金の払い戻しや名義変更などができるようになります。

この制度を利用するためには、次のようなステップが必要になります。

（1）必要書類を集める

・亡くなった人の除籍謄本
・亡くなった人の住民票の除票
・相続人全員の戸籍謄抄本
・申出人の氏名、住所を確認できるもの（運転免許証のコピー、マイナンバーカード表面のコピー、住民票の写し、いずれか1つ）

（2）法定相続情報一覧図を自分で作成する

亡くなった人と相続人の戸籍情報を1枚にまとめたもので、これを元に登記所で「法定相続情報一覧図の写し」を作成します。

法務省のホームページに記入用フォーマットと記載例が掲載されていますので、それを参考にして作成しましょう。司法書士などに依頼して作成してもらうことも可能です。

（3）登記所に申出する

登記所に申出をすることができるのは、相続人とその親族、代理人だけです。親族が申出を行う場合には、申出人と親族関係にあることがわかる戸籍謄本が必要です。代理人が申出を行う場合は、委任状を提出する必要があります。

親族以外に申出ができる代理人は、弁護士、司法書士、土地家屋調査士、税理士、社会保険労務士、弁理士、海事代理士、行政書士です。

4　遺産・負債を調査する

人が亡くなると、遺産は相続人に承継されますが、どれくらい財産が残っているかがわからないと相続手続きが進みません。亡くなった人が遺言書や財産一覧表を残しておいてくれれば、事はスムーズに進みますが、そういったものが見当たらなければ、遺族が調べる必要があります。

銀行預金なら通帳、株券なら証券会社からの取引報告書、不動産なら権利証（登記済証）を探します。

その際、注意したいのが、財産には銀行からの借入れやクレジットローンなどの負債も含まれるということです。負債があることを知らずに相続してしまったら、相続人が返済の義務を負うことになってしまいます。金融機関などからの請求書や督促状などが届いていないか、しっかりチェックしましょう。

被相続人が他人の借金の連帯保証人になっている場合には、連帯保証人という立場も相続分通りに承継されますので、注意が必要です。実際、被相続人が亡くなって数年後に、突然、金融機関から督促状が届くといった話もあります。そんなことのないように、生前に確認しておくようにしましょう。

5　相続放棄・限定承認を申述する

もし、プラスの財産より負債の方が多いということであれば、「相続放棄」や「限定承認」ができます。

相続放棄とは、読んで字の如く、財産を相続する権利を手放すということです。負債が多い場合だけでなく、事業の承継者など、特定の相続人に遺産を集約させたい場合に、他の相続人に相続放棄してもらうこともあります。申し出の期限は、相続があると知った日から3カ月以内で、家庭裁判所に申告します。

一方、限定承認とは、被相続人の遺産の総額がマイナスなのか、プラスなのかがわからないとき、プラスの財産の範囲内でのみ、マイナスの財産を相続するというものです。

実際に限定承認をすると、プラスの財産を使ってマイナスの財産を弁済し、残った財産があれば、それを相続しますが、債務の方が多い場合でも、相続人に弁済の責任は課せられません。申し出の期限は、相続放棄と同じで、相続があると知った日から3カ月以内に家庭裁判所に申告します。

ただし、相続放棄はそれぞれの相続人が単独で申し出ることが可能なのに対して、限定承認の場合は法定相続人全員で申し出る必要があります。

また、相続があると知った日から3カ月以内に何も申告しなければ、自動的に「単純承認」したとみなされます。

単純承認とは、プラスの財産もマイナスの財産も両方とも相続するということです。もし、マイナスの財産があることを知らずに単純承認してしまうと、自分自身の財産を取り崩してでも返済しなくてはならなくなります。

一度、承認または放棄した申し出は、原則として取り消すことができません。したがって、申し出の期限である3カ月以内に、財産の調査を徹底的に行うことが非常に重要だということになります。

6　被相続人の所得税申告・納付をする

亡くなった人が所得税の納税義務者であった場合は、被相続人の死亡当時の住所の所轄税務署に確定申告をする必要があります。申告の期限は、相続の開始を知った日から4カ月以内です。

申告の対象となる所得は、死亡年分（死亡した年の1月1日から死亡日まで）ですが、もし1月1日から3月15日までの間に、被相続人が提出すべきであった前年の所得税の確定申告をせずに亡くなった場合は、前年分の確定申告書も併せて申告する必要があります。

いずれも、相続人が何人かいる場合は連名で申告しなければなりません。

7　相続財産の確定・評価をする

相続税の申告・納付をしたり、相続人で遺産分割協議をするためには、被相続人の遺産を確定し、評価する必要があります。つまり、すべての財産を調べ上げ、一つひとつの財産を正確に評価しなければならないということです。

財産の評価については第2章で詳しく説明しますが、不動産の評価については、何を基準に評価したかによって評価額が変わってきます。評価額が違えば、相続税の額も変わってきますので、大まかな評価は自分でやるとしても、実際の相続に当たっては、不動産に強い専門家に相談するといいでしょう。

8　特別代理人を選任する（相続人に未成年者や成年被後見人がいる場合）

複数いる相続人の中に未成年者がいる場合は、その親権者が代理人として遺産分割協議に参加します。ただし、親権者も相続人である場合は、未成年者の取り分を減らして自分の取り分を増やすという不正行為を働く可能性もあるため（利益相反）、特別代理人の選任が要求されます。

また、相続人の中に成年被後見人がいて、後見人との間で利益相反となる場合も、同じく特別代理人の選任が必要となります。

9　相続人で遺産分割協議をする

遺産分割協議とは、被相続人の財産をどのように分けるか、相続人同士で話し合いをすることをいいます。相続人には民法で定められた法定相続分がありますが、この通りにしなければならないということではありません。遺産分割協議で相続人全員の同意があれば、法定相続分に関係なく財産分けすることもできるのです。

その根拠は、民法で定めている次の文章にあります。

「遺産の分割は、遺産に属する物又は権利の種類及び性質、各相続人の年齢、職業、心身の状態及び生活の状況その他一切の事情を考慮してこれをする」（民法906条）

つまり、財産の内容（金銭なのか、不動産なのか）、各相続人の経済状況、抱えている事情などを考慮して、各相続人の相続分を決めてもよいということなのです。

ただし、遺産分割協議がうまくいかないときには、法定相続分で分けることも一つの方法になります。

遺産分割の方法について詳しく説明しましょう。

■指定分割（遺言の指定で分割する）

遺産分割の最も望ましい方法は、被相続人の遺言によるものです。遺言があれば、相続人同士でもめずに財産を分割することができます。

ただし、相続人の「遺留分」を侵害するような分割だった場合には、その相続人から遺留分を請求される可能性もあります（詳しくは89ページ）。

また、被相続人の遺言がある場合でも、相続人全員の合意があれば、協議分割に切り替えて、遺言とは異なる財産分けをすることもできます。

■協議分割（相続人による協議で分割する）

被相続人が遺言を残していない場合は、相続人全員でどのように財産を分割するのかを話し合いによって決めます。相続人のうちの誰か1人から遺産分割の請求があれば、他の相続人は必ず、これに応じる必要があります。疎遠になっているなどの理由で、一部の相続人を除いて協議をしたり、一部の相続人の意志を無視して多数決で決めることはできません。全員の合意があってはじめて協議が有効に成立したことになります。

相続人全員の合意ができたら、遺産分割協議書を作成します。法律上の作成義務はありませんが、後日、財産の分け方について争いごとが生じたり、不動産の名義変更をしたり、金融機関の預貯金口座からの払い出しをしたりするときなどに必要となります。

遺産分割協議書の書式はとくに決まっていませんが、共同相続人全員の署名と実印による押印、および印鑑証明書の添付が必要となります。

■調停分割・審判分割（家庭裁判所の調停・審判により分割する）

相続人同士の話し合いが物別れに終わった場合は、家庭裁判所に調停の申し立てを行います。それでも決着がつかなかった場合には、家庭裁判所の審判により分割が決定されます。審判の決定内容に不服がある場合は、即時抗告という不服申し立てを行うことができますが、原審判を取り消して裁判が行われるケースはまれです。

次に、実際の財産の分け方について説明します。

■現物分割（分けやすい財産の場合）

財産をそのまま分割する方法です。

例えば、土地と建物を妻、預貯金を子供2人で分ける、あるいは、土地と建物を長男、預貯金を長女に分けるといった分け方になります。

■代償分割（分けにくい財産の場合）

特定の相続人が財産の全部または大部分を相続する代わりに、他の相続人に自分の持っている金銭を与えることで（代償交付金）、相続分をできるだけ平等に分ける方法です。

例えば、長男が会社の跡取りで被相続人と同居し、次男は独立して賃貸マンションに住んでいる場合、会社を承継する長男に土地や建物、自社株などを相続させると、次男の相続分がなくなってしまいます。それを解決する方法として、長男が自分の預貯金から次男に現金を与えることで、できるだけ平等にするというものです。

■換価分割（現物分割も代償分割もできない場合）

財産を売却し、それで得た現金で分ける方法です。

例えば、財産が不動産しかなく、相続人である子供2人も独立してマイホームを持っているような場合、不動産を売却して現金に換えて子供2人で分けるというものです。

■共有分割

不動産などの財産を複数の相続人が共同で所有するという方法です。一見、公平な分け方のように見えますが、不動産の売却や建築、取り壊しなどを行うときには、共有者全員の同意が必要となり、手続きが煩雑になります。

また、共有者の一人が亡くなると、その持ち分が相続人に引き継がれることになります。時間が経過すればするほど共有者が増え、共有者全員の同意を得るのがさらにむずかしくなります。

10　不動産の相続登記・財産の名義変更をする

遺産分割協議がまとまったら、財産分けの内容に従ってそれぞれの財産の名義変更手続きを行わなければなりません。不動産（土地、建物）の場合は法務局、預貯金や有価証券の場合は金融機関の取引店で手続きをします。

名義を変更するときには、遺言書や遺産分割協議書、被相続人の除籍謄本、相続人全員の戸籍謄本、住民票、印鑑証明書など、さまざまな書類が必要となります。これらを準備するためには、かなりの労力が求められます。31ページに記載したように「法定相続情報証明制度」を利用するといいでしょう。

財産の名義変更手続きには期限がありませんが、亡くなった人の名義のままにしていると、財産の名義と実際の所有者とが食い違うことになり、さまざまなトラブルの原因になってしまいます。財産の名義変更は、できるだけ早く終えるようにしましょう。

11　相続税の申告・納付（課税価格が相続税の基礎控除額を超える場合）

相続税の申告書を提出しなければならないのは、原則、相続税がかかる場合だけです。相続税には基礎控除があるため、「課税価格」（※詳しくは42ページ）が基礎控除額「３０００万円＋６００万円×法定相続人の数」を超える場合だけ、その財産を取得した人に相続税の申告・納付する義務が生じます。

課税価格が基礎控除額の範囲に収まり、相続税がかからない場合でも、次の要件に当てはまるときには申告書を提出する必要があります。

「小規模宅地等の評価減の特例」の適用を受けたことにより、課税価格が基礎控除額を下回り、相続税がかからなくなった場合（※詳しくは67ページ）

配偶者が全財産を相続して「配偶者の税額軽減の特例」の適用を受けたことにより、相続税がかからなくなった場合（※詳しくは95ページ）

相続税がかかるとわかった場合には、相続の開始を知った日の翌日から10カ月以内に申告書を提出・納付する必要があります。

相続税の申告・納付先は、被相続人が亡くなったときの住所がある所轄税務署になります。

また、納付は「金銭一括納付」が原則です。金銭一括納付ができない場合は、分割払いができます。これを「延納」といいますが、延納もできない場合には、不動産などの相続財産そのもので納めることも可能です（物納）。ただし、延納や物納にはそれぞれいくつかの適用要件があり、申請をしても税務署から却下されることもあります。

もし納付期限までに金銭納付をせず、延納や物納の申請もしない場合には、延滞税が課せられますので、注意しましょう。

また、遺産分割協議がまとまらず、相続税の申請・納付の期限までに間に合わなかった場合には、法

図4　相続税手続きスケジュール

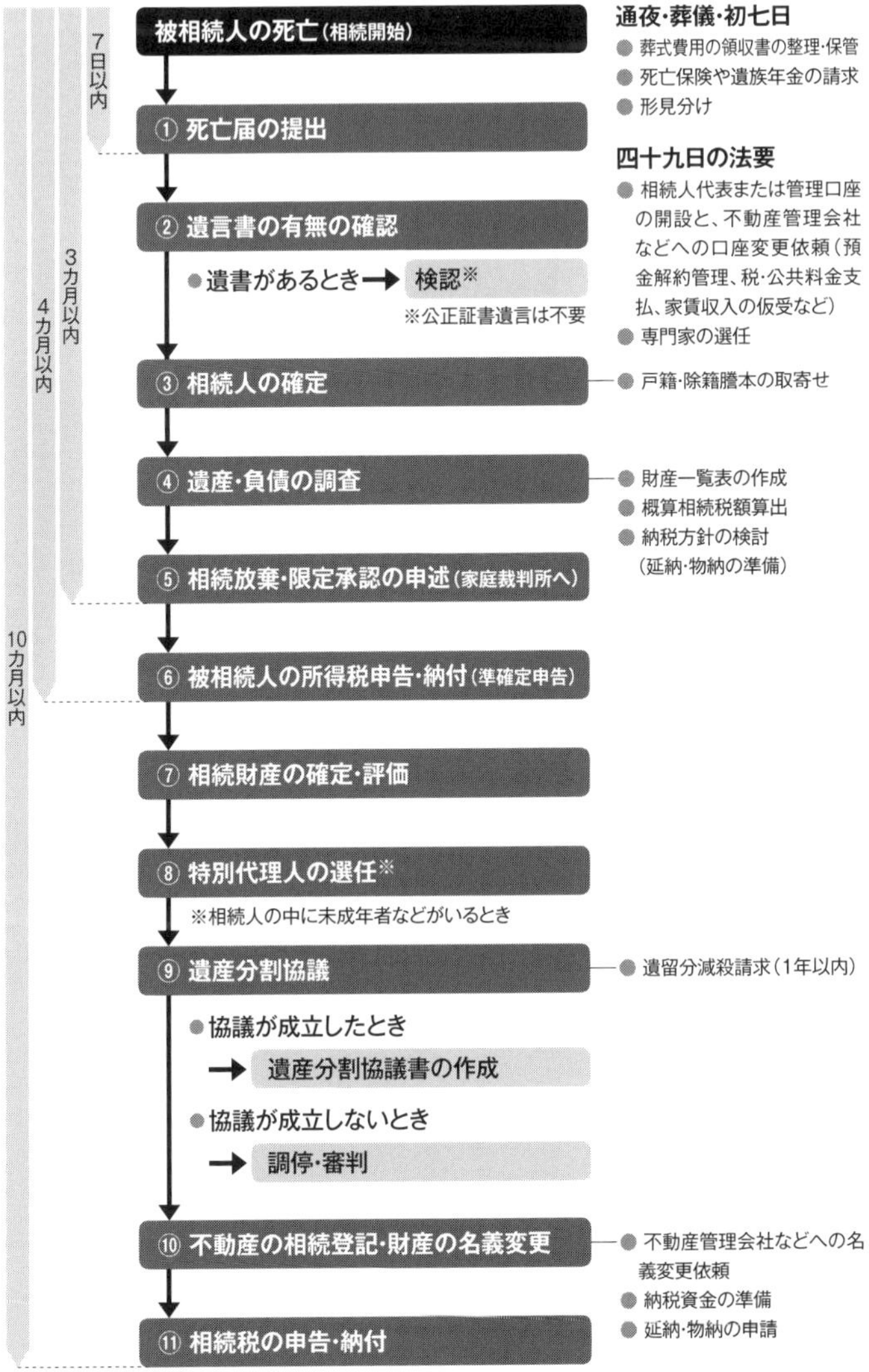

定相続人が法定相続分通りに財産を取得したものと仮定して、相続人それぞれが申告期限までに申告・納付しなければなりません。その際、「小規模宅地等の評価減の特例」や「配偶者の税額軽減の特例」は適用を受けられませんので、これらの特例を受けずに算出した税額を納付することになります。

その後、遺産分割協議が成立した段階で、改めて各人の納付税額を算出して申告します。その際、自分が相続した財産額が自分の法定相続分より少なく、負担する税額も減少する場合は、遺産分割が成立したときから4カ月以内に更正の手続きをします。

反対に、自分の相続した財産額が自分の法定相続分より多く、負担する税額が増加する場合には、修正申告をします。この場合は、修正申告に期限がありません。

なお、相続税の申告期限から3年以内に遺産分割が成立した場合の修正申告または更正の請求に限り、「小規模宅地等の評価減の特例」や「配偶者の税額軽減の特例」の適用を受けることができます。

相続税を計算するのに必要な「課税価格」とは

前項のスケジュール「**11**」に出てきた「課税価格」について詳しく説明します。課税価格とは、ひと言でいうと「相続税を算出する上での財産の価格」のことで、次のように計算します。

「本来の相続財産＋みなし相続財産－非課税財産＋特定の贈与財産－債務・葬式費用」

この計算式に出てくる各項目について説明します。

■本来の相続財産

被相続人が亡くなった時に実際に保有している財産のことです。例えば、現金、預貯金、株などの有価証券、土地、建物、家財などのほか、借地権、永小作権などの目に見えない財産も含みます。

■みなし相続財産

被相続人が亡くなることによって生じる財産のことをいいます。多くの方に関わるものとしては「生命保険金」と「死亡退職金」があります。どちらも被相続人が生きている間は、経済的効果がないことから、「みなし相続財産」と呼びます。

生命保険金のうち、相続税の課税対象となるのは、被相続人が保険料を負担していた保険契約のみです。上記の「生命保険金」と「死亡退職金」は相続税の対象になりますが、いずれも「500万円×法定相続人の数」の金額までの非課税枠があります。つまり、受け取り金額が非課税枠内に収まれば、相続税はかからないということです。

■非課税財産

非課税財産とは相続税のかからない財産のことで、次のようなものがあります。

・**墓地、墓石、仏壇、仏具など、日常的に礼拝をしているもの**（ただし、骨董的価値があるなど投資の対象となるものや商品として所有しているものは除く）

・**相続税の対象となる生命保険金のうち、「500万円×法定相続人の数」までの金額**

例えば、相続人が妻と子供3人の場合は、500万円×4人で2000万円まで非課税となります。

・**死亡退職金のうち、「500万円×法定相続人の数」までの金額**

生命保険金も死亡退職金も、相続人が増えれば増えるほど非課税枠が増えることになります。そのため、実子のほかに息子の嫁や孫などを養子縁組して相続人を増やすこともあります。

しかし、民法上は養子の数に制限はありませんが、税法上は、実子がいる場合、養子は1人まで、実子がいない場合でも、養子は2人までとなっていますので、注意しましょう。

■**特定の贈与財産**

被相続人が生前に贈与した財産のうち、「相続人への過去3年以内の暦年贈与財産」と「相続時精算課税制度を利用した贈与財産」は、相続税の課税対象となります（※詳しくは176ページ）。

■**債務**

被相続人の死亡時に持っていた債務には、自家用車や電化製品等のクレジットローンなどのほか、生前の医療費や入院費、亡くなった年の1月1日から死亡日までの所得税、納期限が未到来の死亡年分の固定資産税や住民税などもこれに該当します。

■**葬式費用**

死体の捜索・死体や遺骨の運搬費用、遺体や遺骨の回送費用、火葬や埋葬・納骨の費用、葬式前後に生じた葬式などに欠かせない費用は、本来の相続財産から差し引くことができます。忘れずに領収書を取っておきましょう。読経料などのお礼をした費用など、領収書の取れないものは、誰に何のためにいくら支払ったのか、メモを残しておけば大丈夫です。

以上の項目により課税価格を計算します。これがわからないと、相続税の計算ができませんので、覚えておいてください。

報告

絹川忠宏
いしかわ相続サポートセンター絹川商事　代表コンサルタント

事例①

相続放棄で不要財産を相続することによるリスクを回避

被相続人である父親が亡くなって1カ月後のご相談です。相続人は相談者である長女、そして、母親、兄の3人です。相続財産の大半が不動産で、山林や廃屋状態の土地建物、水田などでした。

不動産は現在の居住地から遠隔地にあり、なおかつ、過疎地域にあるため、相続しても売却できそうもないばかりか、維持管理にも費用と手間がかかりそうであること、債務はなく、預貯金がわずかだがあり、形見分けしてほしいものはある、というものでした。

長女としては「不動産を相続してもどうしようもないので、何とかしてほしい。また、トラブルがないように財産分与できる方法があれば、教えてほしい」というお悩みをお持ちでした。

そこで、相続人には、次の3つのうちのいずれかを選択できる方法があることをご説明しました。

1つめは、被相続人の土地の所有権等の権利や借金などの義務のすべてを相続する「単純承認」、2つめが被相続人の権利や義務を

C O L U M N

一切相続しない「相続放棄」、３つめが被相続人の債務がどの程度あるか不明であり、財産が残る可能性もある場合に、相続人が相続によって得た財産の限度で被相続人の債務の負担を相続する「限定承認」というものです。

　調査の結果、不動産の売却の見込みが期待できそうにないこと、維持管理に相当の費用がかかることが想定されることがわかりました。また、預貯金が少ないこと、相続開始から1カ月経過しているものの、３カ月以内であれば単独で相続放棄ができることから、２つめの「相続放棄」を提案し、それを実行に移しました。

　単純承認していたら、売却もできず、維持管理費にかなりの資金が必要になっていたところでした。ご相談いただき、本当によかったと思っています。

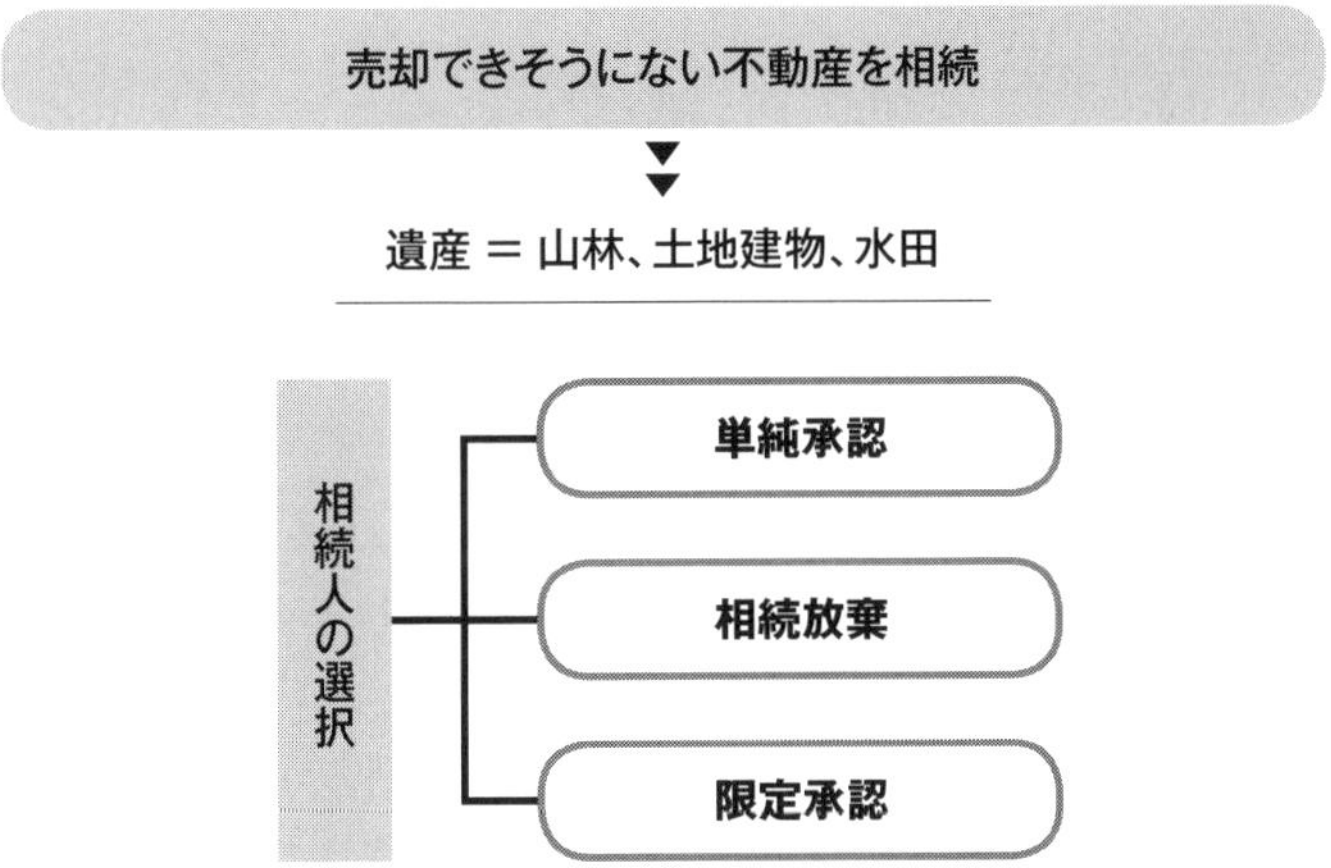

第2章

いますぐにでもやっておきたい遺産分割対策

相続対策をするための事前準備

第1章でも記述したように『相続対策＝相続税対策』ではありません。自分の財産をどのように相続人に分けるのかを指定する「遺産分割」が非常に大事なのです。

遺産分割を考えるためには、まず、自分の財産がどれくらいあるのかを把握する必要があります。それができてはじめて誰に何を相続させるかという遺産分割案の作成が可能となり、どういう対策が必要なのかがわかってくるのです。

遺言を作成するためにも、現状の財産を正確に把握することは不可欠なことといえるでしょう。では、どのように財産の現状を把握したらいいのでしょうか。

その手順を次の4つのステップで説明したいと思います。

（1）所有財産を洗い出す

自分の持っている財産をリストアップします。預貯金・不動産・有価証券・生命保険といったプラスの財産に加え、銀行からの借入れやクレジットローンなどのマイナスの財産もリストアップします。また、同時に通帳や登記簿謄本などの資料も手元にまとめておきます。

（2）財産の評価の概算を算出する

洗い出した財産と資料を基に、それぞれの財産を評価します。不動産や自社株など、評価のむずかしい財産については概算でかまいません。自分で評価するのがむずかしければ、税理士などの専門家に依頼してもいいでしょう。

（3）遺産分割について考える

自分の財産のうち、誰に何を相続させるかを考えます。第1章で記述した「法定相続人」と「法定相続分」を念頭に、具体的な遺産分割を考えていきます。

（4）相続税の概算を算出する

自分が亡くなった後、相続税がかかってくるのかどうか、かかるとすれば、どれくらいの額になるのかを算出します。相続税がかかる場合には、相続人それぞれに納税義務があり、遺産額に応じた納税額を支払うことになります。

第1章でも記述したように、相続税には基礎控除があり、その額を超える課税価格がある場合に相続税がかかってきます。相続税がかからない場合は、納付税の計算をする必要はありません。

4つのステップの具体的な方法は、次の通りです。

ステップ1　所有財産を洗い出す

まず、自分の財産には何があるのかを洗い出し、財産一覧表を作成します。

財産は大きく「不動産」と「不動産以外」の2つに分けられます。現状を把握するために関連資料も手に入れましょう。

不動産に関しては、登記簿謄本や固定資産税評価証明書を取り寄せて、正しい地積や固定資産税評価額を確認します。登記簿謄本は不動産のある管轄法務局、固定資産税評価証明書は不動産のある市区町村役場で取得できます。

不動産以外の財産に関しては、預貯金は通帳、株や投資信託などの有価証券は取引残高報告書など、生命保険は保険証券で確認します。

会社を経営している人は、自社株の財産評価を行う必要があります。直近3年分の決算書、法人税申告書など、会社の資産および負債について確認できる資料を用意します。

書画や骨董品、美術品などがあれば、鑑定評価書などを確認します。

また、年間の所得が2000万円を超える人で、保有財産の総額が3億円以上または有価証券の価額が1億円以上の人は、確定申告時に「財産債務調書」を作成していると思いますので、そのコピーも用意します。これと作成した財産一覧表を照らし合わせれば、より正確なものができあがります。

ステップ2　財産の評価の概算を算出する

すでに述べたように、財産には「不動産」と「不動産以外の財産」があります。不動産や自社株、預貯金などに関しては、時間の経過によって価額が変わりますから現時点での価額を算出し、その後は定期的な見直しを行います。

とくに不動産については、評価の基本となる路線価や倍率表が毎年更新されますので、それに合わせて年1回、見直すといいでしょう。

ここでは、「不動産」と「不動産以外の財産」に分けて、評価の概算の出し方について、それぞれ説明します。

不動産の評価方法

一般的に相続される財産の中には、自宅などの土地が含まれますが、土地の価格は一定ではなく、評価方法によって異なります。その評価方法には、次の5つがあります。

1　売買時価（実勢価格）

実際に売買するときの取引価格、または近隣で取り引きされた価格から類推した価格を指します。5種類の時価のなかでは、最も高い価額となりがちです。

2　公示価格

毎年1回、国土交通省の土地鑑定委員会が3月末頃に官報に公示するもので、1月1日時点の標準地の更地としての価格を示します。標準地とは、都市計画区域およびその他の土地取引が相当程度見込める区域で選定された場所を指します。

3　基準地価

公示価格を補完するために都道府県が毎年1回、9月下旬に発表します。その年の7月1日時点の更地としての価格になります。

4　相続税路線価（相続税評価額）

相続税、贈与税などを算出する際の基準となるもので、主に市街地の道路に付された1㎡当たりの評価額になります。これは国税局長が定めるもので、その年の1月1日時点の価格が原則、毎年7月1日に公示されます。この相続税路線価は、公示価格のおおむね80％の水準になっています。

5　固定資産税評価額

固定資産税、都市計画税、不動産取得税、登録免許税などを算出する際の基礎となる価額で、市町村長が固定資産課税台帳に登録した価額となります。市町村が3年ごとに評価替えを行い、公示価格のおおむね70％の水準になります。原則として、評価替えの年の前年の1月1日が価格調査基準日です。

宅地の評価方式は2つある

土地の評価は、現況の地目別（土地の利用状況によって区分）に、その評価単位ごとに評価します。その中でも、宅地は1画地の宅地を評価単位とします。1画地の宅地とは「利用の単位」となっている1画地の宅地のことをいい、土地課税台帳に登録された1筆（土地の個数）の宅地からなるとは限らないので、注意してください。

利用の単位には、自用、貸付の用、貸家の用などがあります。貸付の用および貸家の用については、原則として異なる貸付先ごとに別単位となります。

相続税や贈与税を算出する際の基準となるのは、相続税路線価（所在地によっては固定資産税評価額）

で、評価方法には「路線価方式」と「倍率方式」があります。

どちらの評価方法を使うかは、土地の所在地によって決まっています。自分の所有する宅地がどちらの方式なのかがわからない場合には、所轄の税務署に確認するか、あるいは国税庁のホームページでも調べることができます。

〈路線価方式〉

路線価方式とは、主に市街地にある宅地を評価する方法のことをいい、宅地の面する道路に付された1㎡当たりの価額（＝路線価）を基に、当該宅地の地積を乗じて算出します。

なお、土地の形状や位置によっては、評価額を調整することになります。

また、路線価は、国税庁のホームページにある全国の路線価図を見ればわかります。

路線価方式の評価手順は、次のようになります。

1　利用単位の確定（イ 自用宅地、ロ 貸宅地、ハ 貸家建付地、ニ 借地権、ホ 私道、ヘ 貸家建付借地権、ト 転貸借地権、チ 転借借地権）

2　地積の確定（実際の面積）

3　路線価の確定（路線価図で確認）

4　地区区分の確定（イ ビル街地区、ロ 高度商業地区、ハ 繁華街地区、ニ 普通商業・併用住宅地区、ホ 普通住宅地区、ヘ 中小工場地区、ト 大工場地区）

5　各種の調整率などの確定（イ 奥行価格補正、ロ 側方路線影響加算、ハ 二方路線影響加算、ニ 間口狭小補正、ホ 奥行長大補正、ヘ がけ地補正、ト 不整形地補正、チ 無道路地補正）

6　1～5により宅地評価額を算出

実際の算出方法は、次ページの路線価図を見ながら説明しましょう。

・土地を路線価図上で確認する

路線価図には町名および街区番号が表示されていますので、住宅地図などと見比べながら、評価したい土地の位置を確認します。

・道路の数字とアルファベットを確認する

土地が接している道路に記されている数字とアルファベットを確認します。数字は1㎡当たりの価額を千円単位で表しています。アルファベットは借地権割合を示しています。図5の事例でいうと、普通住宅地区で1㎡当たりの路線価は290千円、借地権割合が40％となります。

・土地の面積を確認する

登記簿謄本などで地積を確認します。登記簿謄本上の地積が実際のものと著しく異なる場合は、実測が必要になります。

・路線価に土地の面積を乗じる

面積200㎡

２９０千円×２００㎡＝５８０００千円＝自用地の評価額
５８０００千円×40％（借地権割合）＝２３２００千円＝借地権者の評価額
５８０００千円×（１－40％）＝３４８００千円＝地主の評価額

このように宅地の評価額を算出しますが、路線価はその道路に一方のみを接する標準的な形状の宅地として設定されているため、実際の宅地の形状とは異なる場合が多くあります。例えば、側方にも道路があったり、裏手にも道路があったり、間口が広かったり狭かったり、奥行きが長かったり短かったり、とさまざまです。

そこで、実際の宅地の実状に即した評価額を算出するためには、補正を加える必要があります。これ

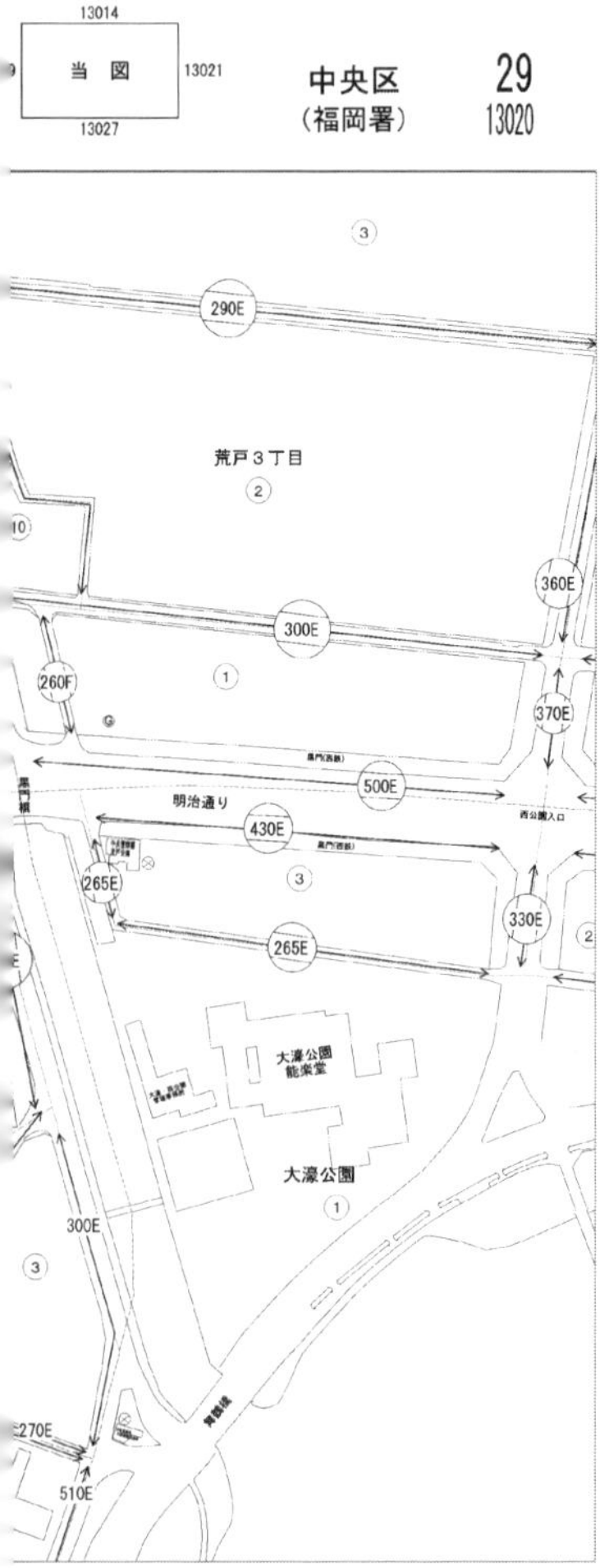

図5 路線価図の見方

地区区分
地区および地区と
借地権割合の適用範囲を
示す記号です。

借地権割合
各路線価の右隣に表示している
A~Gの記号に対応する
借地権割合を示しています。

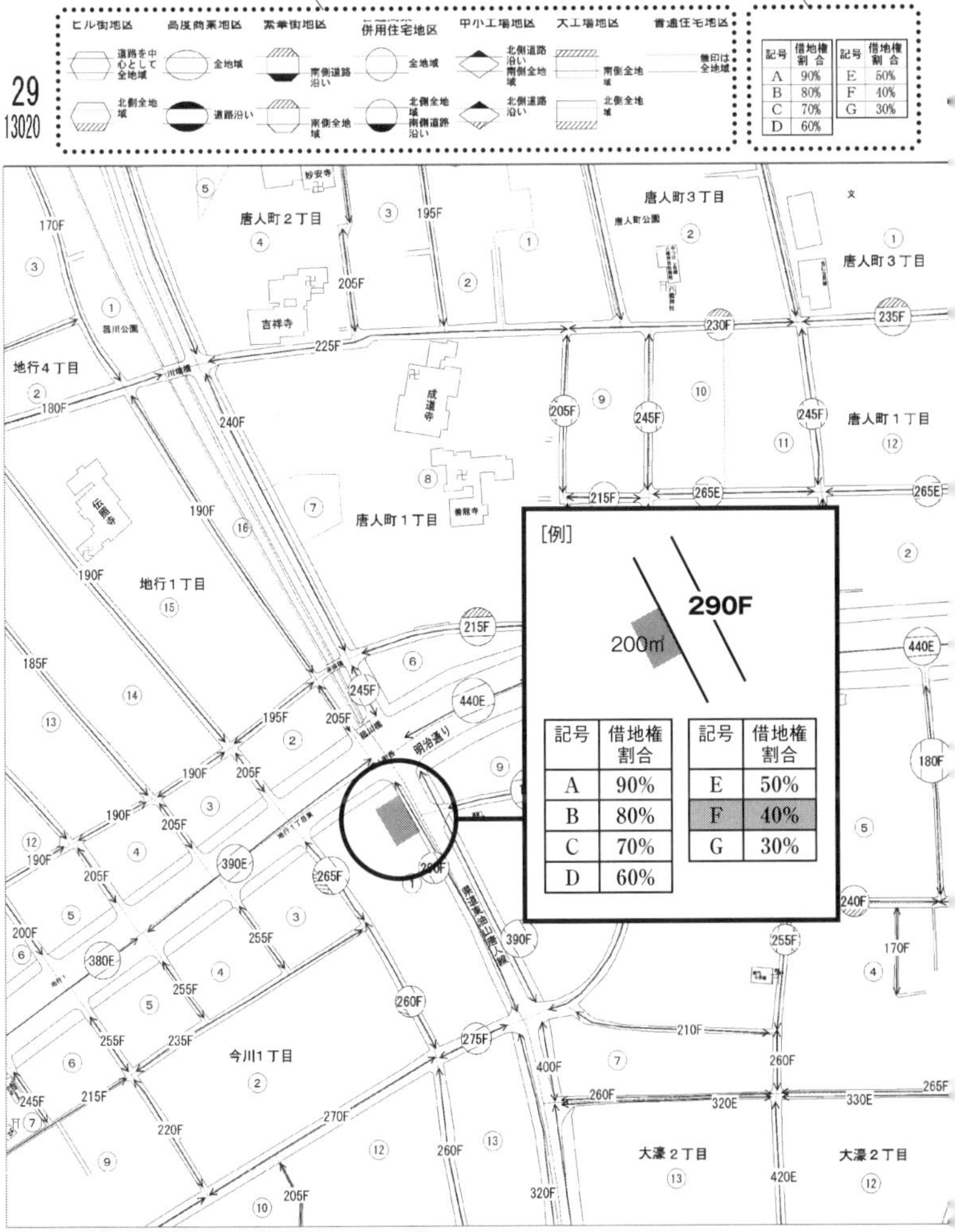

国税庁のホームページより引用

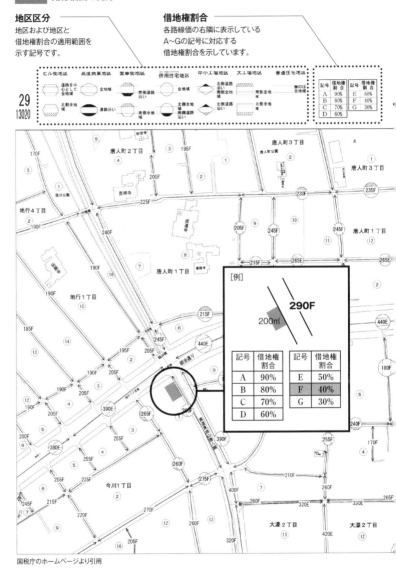

図6　主な画地調整

調整項目	内容
奥行価格補正	奥行が長い、あるいは短い宅地は、その距離に応じた補正率を路線価に乗じて評価（おおむね減価）
側方路線影響加算	側方にも道路がある宅地（角地）は利用価値が高いため、その分を加算して評価
二方路線影響加算	正面と裏面に道路がある宅地は利用価値が高いため、その分を加算して評価
間口狭小補正	間口の狭い宅地は、間口距離に応じた補正率により減価
奥行長大補正	奥行が間口の２倍以上ある宅地は、一定の補正率により減価
がけ地補正	１割以上のがけ地がある場合は、一定の補正率により減価
その他	不整形地、三角地、無道路地についても、それぞれ一定の方法で補正減価

を「画地調整」といいます。画地調整には、図6〜9を使います。

具体例として、例1「一方のみが道路に面した宅地を評価する場合」、例2「正面と側方が道路に面した宅地（角地）を評価する場合」、例3「正面と裏面が道路に面した宅地を評価する場合」を記載しましたので、参考にしてください。

〈倍率方式〉

倍率方式とは、主に郊外の宅地を評価する方法で、その宅地の固定資産税評価額に国税局長が定めた倍率を乗じて算出します（図10）。

倍率は路線価と同じように国税庁が毎年見直しをし、評価倍率表により公表されています。国税庁のホームページでも見ることができますので、確認してみてください（図11）。

図７　奥行価格補正率表

<table>
<tr><th>地区区分奥行距離（メートル）</th><th>ビル街地区</th><th>高度商業地区</th><th>繁華街地区</th><th>普通商業・併用住宅地区</th><th>普通住宅地区</th><th>中小工場地区</th><th>大工場地区</th></tr>
<tr><td>4未満</td><td rowspan="2">0.80</td><td>0.90</td><td>0.90</td><td>0.90</td><td>0.90</td><td>0.85</td><td>0.85</td></tr>
<tr><td>4以上6未満</td><td>0.92</td><td>0.92</td><td>0.92</td><td>0.92</td><td>0.90</td><td>0.90</td></tr>
<tr><td>6以上8未満</td><td>0.84</td><td>0.94</td><td>0.95</td><td>0.95</td><td>0.95</td><td>0.93</td><td>0.93</td></tr>
<tr><td>8以上10未満</td><td>0.88</td><td>0.96</td><td>0.97</td><td>0.97</td><td>0.97</td><td>0.95</td><td>0.95</td></tr>
<tr><td>10以上12未満</td><td>0.90</td><td>0.98</td><td>0.99</td><td>0.99</td><td rowspan="5">1.00</td><td>0.96</td><td>0.96</td></tr>
<tr><td>12以上14未満</td><td>0.91</td><td>0.99</td><td rowspan="5">1.00</td><td rowspan="6">1.00</td><td>0.97</td><td>0.97</td></tr>
<tr><td>14以上16未満</td><td>0.92</td><td rowspan="9">1.00</td><td>0.98</td><td>0.98</td></tr>
<tr><td>16以上20未満</td><td>0.93</td><td>0.99</td><td>0.99</td></tr>
<tr><td>20以上24未満</td><td>0.94</td><td rowspan="10">1.00</td><td rowspan="21">1.00</td></tr>
<tr><td>24以上28未満</td><td>0.95</td><td>0.97</td></tr>
<tr><td>28以上32未満</td><td>0.96</td><td>0.98</td><td>0.95</td></tr>
<tr><td>32以上36未満</td><td>0.97</td><td>0.96</td><td>0.97</td><td>0.93</td></tr>
<tr><td>36以上40未満</td><td>0.98</td><td>0.94</td><td>0.95</td><td>0.92</td></tr>
<tr><td>40以上44未満</td><td>0.99</td><td>0.92</td><td>0.93</td><td>0.91</td></tr>
<tr><td>44以上48未満</td><td rowspan="12">1.00</td><td>0.90</td><td>0.91</td><td>0.90</td></tr>
<tr><td>48以上52未満</td><td>0.99</td><td>0.88</td><td>0.89</td><td>0.89</td></tr>
<tr><td>52以上56未満</td><td>0.98</td><td>0.87</td><td>0.88</td><td>0.88</td></tr>
<tr><td>56以上60未満</td><td>0.97</td><td>0.86</td><td>0.87</td><td>0.87</td></tr>
<tr><td>60以上64未満</td><td>0.96</td><td>0.85</td><td>0.86</td><td>0.86</td><td>0.99</td></tr>
<tr><td>64以上68未満</td><td>0.95</td><td>0.84</td><td>0.85</td><td>0.85</td><td>0.98</td></tr>
<tr><td>68以上72未満</td><td>0.94</td><td>0.83</td><td>0.84</td><td>0.84</td><td>0.97</td></tr>
<tr><td>72以上76未満</td><td>0.93</td><td>0.82</td><td>0.83</td><td rowspan="2">0.83</td><td rowspan="2">0.96</td></tr>
<tr><td>76以上80未満</td><td>0.92</td><td>0.81</td><td>0.82</td></tr>
<tr><td>80以上84未満</td><td>0.90</td><td rowspan="6">0.80</td><td>0.81</td><td rowspan="2">0.82</td><td rowspan="2">0.93</td></tr>
<tr><td>84以上88未満</td><td>0.88</td><td rowspan="5">0.80</td></tr>
<tr><td>88以上92未満</td><td>0.86</td><td rowspan="3">0.81</td><td rowspan="4">0.90</td></tr>
<tr><td>92以上96未満</td><td>0.99</td><td>0.84</td></tr>
<tr><td>96以上100未満</td><td>0.97</td><td>0.82</td></tr>
<tr><td>100以上</td><td>0.95</td><td>0.80</td><td>0.80</td></tr>
</table>

図9 二方路線影響加算率表

地区区分	加算率
ビル街地区	0.03
高度商業地区・繁華街地区	0.07
普通商業・併用住宅地区	0.05
普通住宅地区・中小工場地区・大工場地区	0.02

図8 側方路線影響加算率表

地区区分	加算率	
	角地の場合	準角地の場合
ビル街地区	0.07	0.03
高度商業地区 繁華街地区	0.10	0.05
普通商業・ 併用住宅地区	0.08	0.04
普通住宅地区 中小工場地区	0.03	0.02
大工場地区	0.02	0.01

（注）準角地とは、左図のように一系統の路線の屈折部の内側に位置するものをいう。

例1 一方のみが道路に面した宅地を評価する場合

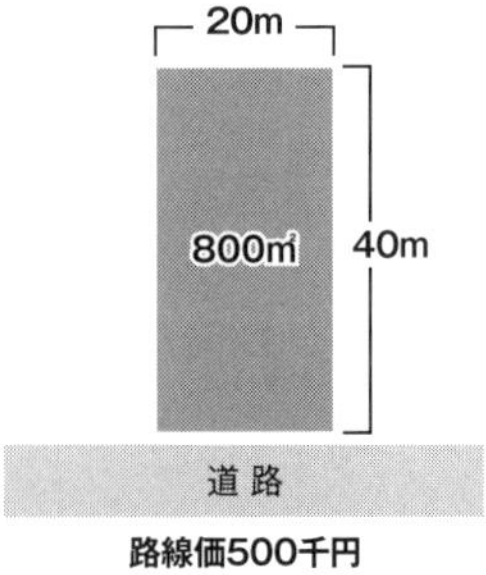

●土地条件
［利用単位］自用地
［地　　積］800㎡
［路 線 価］500千円
［地区区分］普通商業・併用住宅地区

路線価 × 奥行価格補正率 × 宅地の面積 ＝ 宅地の評価額
500千円 × 0.93 × 800㎡ ＝ 372,000千円

例2　正面と側方が道路に面した宅地（角地）を評価する場合

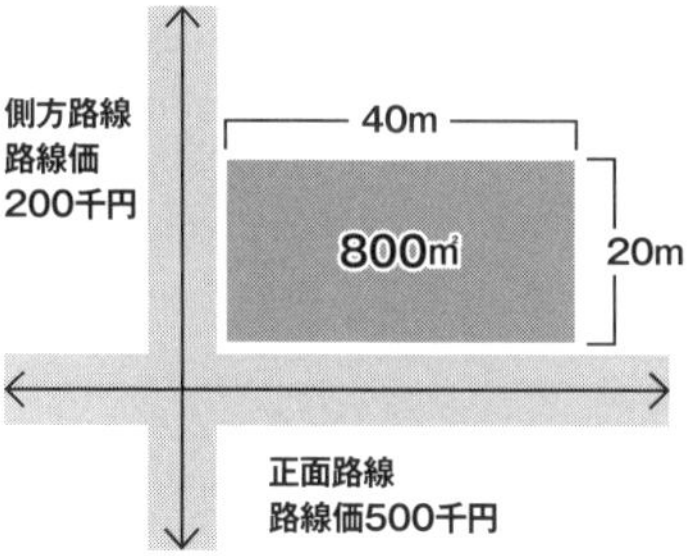

●土地条件
［利用単位］自用地
［地　　積］800㎡
［路線価］正面500千円
　側方200千円
［地区区分］普通商業·併用住宅地区

{（正面路線価 × 奥行価格補正率）＋
（側方路線価 × 奥行価格補正率 × 側方路線影響加算率）}
× 宅地の面積 ＝ 宅地の評価額

{（500千円 × 1.00）＋（200千円 × 0.93 × 0.08）} × 800㎡
＝（500千円 ＋14.88千円）× 800㎡
＝ 411,904千円

例3　正面と裏面が道路に面した宅地を評価する場合

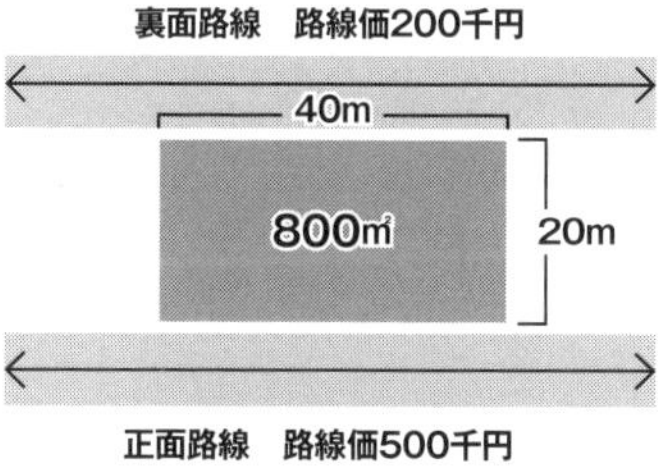

●土地条件
［利用単位］自用地
［地　　積］800㎡
［路線価］正面500千円
　側方200千円
［地区区分］普通商業·併用住宅地区

{（正面路線価 × 奥行価格補正率）＋
（裏面路線価 × 奥行価格補正率 × 二方路線影響加算率）}
× 宅地の面積 ＝ 宅地の評価額

{（500千円 ×1.00）＋（200千円 × 1.00 × 0.05）} × 800㎡
＝（500千円 ＋10千円）× 800㎡
＝408,000千円

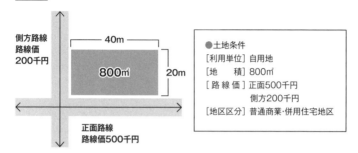

図10 倍率方式の評価手順

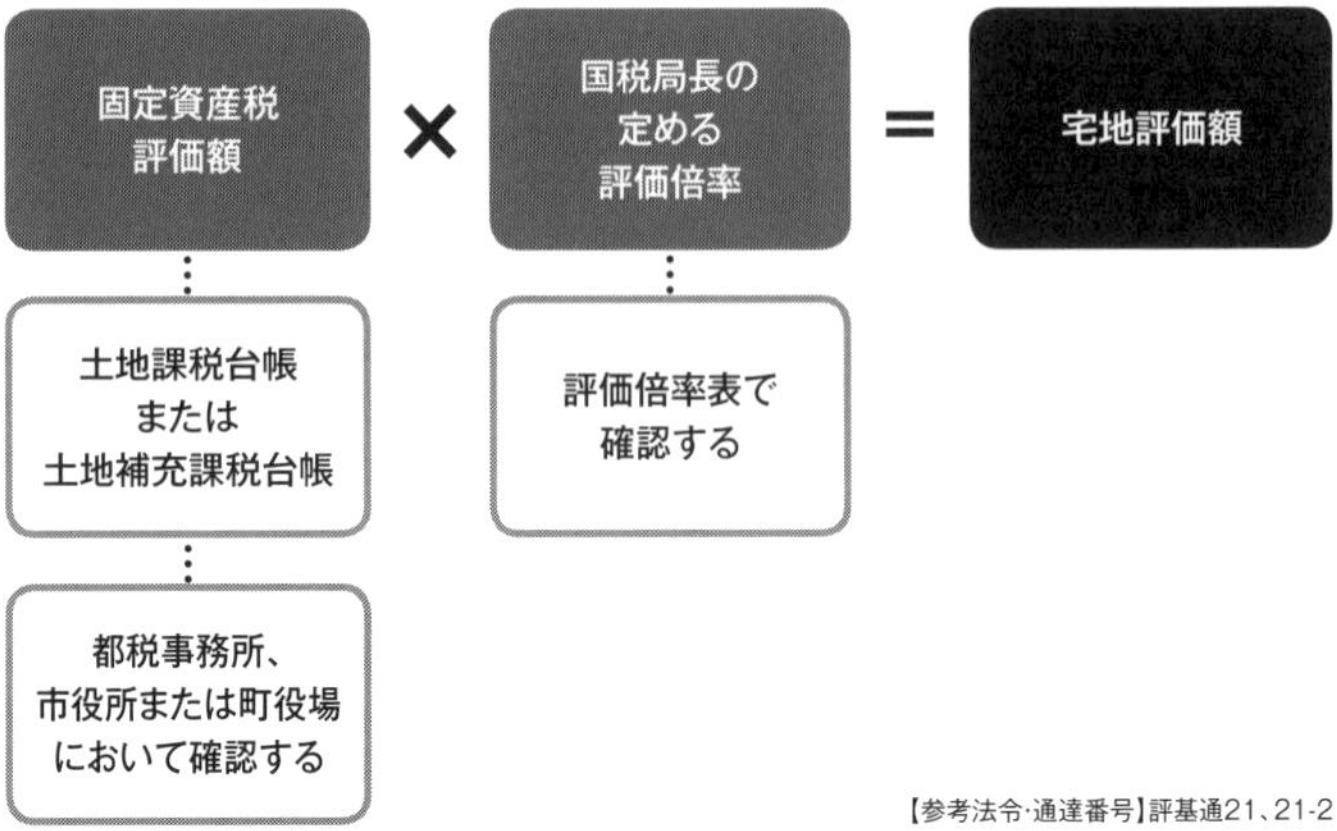

【参考法令·通達番号】評基通21、21-2

図11 倍率表の例

平成29年分

市区町村名：○○市　　　　○○税務署

音順	町（丁目）又は大字名	適用地域名	借地権割合	固定資産税評価額に乗ずる倍率等						
				宅地	田	畑	山林	原野	牧場	池沼
			%	倍	倍	倍	倍	倍	倍	倍
お	○○町4丁目	市街化調整区域	50	1.1						
		市街化区域	—	路線	比準	比準	比準	比準		
た	○△町3丁目	市街化調整区域	50	1.1		中 89	中 25	中 26		
		市街化区域	—	路線	比準	比準	比準	比準		
は	△□町4～6丁目	市街化調整区域	50	1.1			中 25			
		市街化区域	—	路線	比準	比準	比準	比準		
	上記以外全域	全域	—	路線	比準	比準	比準	比準		

（固定資産税評価額）10,000,000円 ×（倍率）1.1 ＝（評価額）11,000,000円

土地の利用状況によって評価が変わる

宅地には、自用地、借地、貸宅地、貸家建付地などがあり、その用途によって評価の仕方が異なります。

・自用地

自宅や空き地、青空駐車場の敷地など、土地に権利や制限などがなく、所有者が自由に使える宅地を自用地といいます。自用地の評価額は、路線価方式または倍率方式により算出した価額になります。

・借地（権）

借りている宅地に自己所有の建物を建てる権利のことを「借地権」といいますが、借地権は自用地評価額に借地権割合を乗じて求めます。借地権割合は宅地の所在地によってその割合が定められており、路線価図にA～Gの記号で表記されています。

例えば、自用地評価額1億円、借地権割合60％の借地権の評価額は、1億円×0・6＝6000万円となります。

・貸宅地（底地）

借地権が設定されている宅地のことを貸宅地（底地）といいますが、貸宅地の場合、自用地評価額から借地権相当額を差し引いたものが評価額になります。貸宅地は人に貸している状態にあり、土地所有者が自由に使うことができないため、その分、評価が下がるというわけです。

例えば、自用地評価額1億円、借地権割合60％の貸宅地の評価額は、1億円×（1－0・6）＝4000万円となります。

・貸家建付地

貸家建付地とは、自分が所有する土地に賃貸用の建物を建てて、他人に貸している場合の土地のことをいいます。建物に借家人が入居しているため、土地の利用は制限されます。また、借家人に立ち退いてもらうために立退料が必要となることもあります。

したがって、貸家建付地の評価額は、自用地評価額から一定の評価減を行って算出します。具体的には、自用地評価額に借地権割合と借家権割合、賃貸割合を乗じたものを自用地評価額から差し引きます。借家権割合は、全国一律30％です。

相続税対策として、賃貸マンションを建てるという方もいると思いますが、この場合、評価額には賃貸割合が大きく影響してきます。満室に近ければ近いほど、土地の評価額が下がり、空き室が多いと評価額が上がってしまうのです。これは、空き室が多ければ更地にするのに立退料がかからないため、更地の評価額に近づけてもいいだろう、という考え方によるものです。つまり、相続税対策には、空き室の有無が大きく関わってくるというわけです。

例えば、自用地評価額1億円、借地権割合70％、借家権割合30％、賃貸割合100％の貸家建付地の評価額は、次のように算出します。

評価額＝1億円×（1－0・7×0・3×1・0）＝7900万円

・使用貸借により貸付られている土地

「使用貸借」とは、宅地を無償またはそれに近いくらいの安価で使用させている場合のことをいい、土地を借りている人はその土地に関しての権利がありません。したがって、この場合、貸宅地として評価するのではなく、自用地の評価額となります。

例えば、父親が所有する土地を長男が無償で借りてマンションを建てている場合、父親にとって、この土地は自用地としての評価となり、長男にとっては土地の使用貸借にかかる使用権の価額はゼロということになります。

小規模宅地等の評価減の特例とは

自宅の土地や事業用の土地の評価額が高額であった場合、相続税を支払う現金が用意できないという事態もあり得ます。そうなると、それらの土地を売却して納税しなければなりませんが、それでは相続人の生活や事業の継続がむずかしくなってしまいます。

そのため、これらの土地には評価額を低くする特例が設けられています。これを「小規模宅地等の評価減の特例」といいます。

この特例では、相続または遺贈（遺言により財産を他人に贈与すること）により取得した宅地などがある場合、一定の要件の下であれば、その宅地などの相続税評価額を80％、または50％の割合で減額することができます。特例の対象となる適用面積は400㎡までです。

適用となる宅地が複数ある場合には、どの宅地にこの特例を適用させるか、相続人が選択することができます。また、特例適用が受けられる面積までなら、2カ所以上の宅地について特例適用を受けることも可能です。

特例を受けることのできる宅地は、以下の通りです。

■特定事業用宅地等　相続開始の直前において被相続人等の事業（貸付事業を除く）の用に供されていた宅地等

■特定居住用宅地等　相続開始の直前において被相続人等の居住の用に供されていた宅地等

■特定同族会社事業用宅地等　相続開始の直前から相続税の申告期限まで一定の法人の事業（貸付事業を除く）の用に供されていた宅地等

※一定の法人とは、相続開始の直前において被相続人および被相続人の親族等が法人の発行済株式の総数または出資の総額の50％超を有している場合の法人をいいます。

■貸付事業用宅地等　相続開始の直前において被相続人等の貸付事業の用に供されていた宅地等

これらの特例の適用の条件として、その宅地の上に建物や構築物があることが必須となっています。単に地面に白線を引いただけの青空駐車場等は構築物があるとは見なされず、適用にはなりません。アスファルトや塀などがあれば構築物と認められますが、砂利を敷き詰めただけの敷地は認められない可能性が高くなります。

図12　小規模宅地等の評価減の特例

相続の開始のあった日が「平成27年1月1日以降」の場合

相続開始の直前における宅地等の利用区分			要件	限度面積	減額される割合
被相続人等の事業の用に供されていた宅地等	貸付事業以外の事業用の宅地等		特定事業用宅地等に該当する宅地等	400㎡	80%
	貸付事業用の宅地等	一定の法人に貸し付けられ、その法人の事業（貸付事業を除く）用の宅地等	特定同族会社事業用宅地等に該当する宅地等	400㎡	80%
			貸付事業用宅地等に該当する宅地等	200㎡	50%
		一定の法人に貸し付けられ、その法人の貸付事業用の宅地等	貸付事業用宅地等に該当する宅地等	200㎡	50%
		被相続人等の貸付事業用の宅地等	貸付事業用宅地等に該当する宅地等	200㎡	50%
被相続人等の居住の用に供されていた宅地等			特定居住用宅地等に該当する宅地等	330㎡	80%

特例を受けられる対象者や適用要件は、以下の通りです。

■特定事業用宅地等

・事業承継要件―その宅地等の上で営まれていた被相続人の事業を相続税の申告期限までに引き継ぎ、かつ、その申告期限までその事業を営んでいること

・保有継続要件―その宅地等を相続税の申告期限まで有していること

■特定居住用宅地等の場合

・被相続人の配偶者

・被相続人と同居していた親族で、相続開始時から申告期限まで引き続き居住し、かつ、その宅地等を相続税の申告期限まで有している人

・被相続人の配偶者又は被相続人と同居していた法定相続人がいない場合は、被

相続人の親族で相続開始前3年以内に日本国内にある自己又は自己の配偶者が所有する家屋に居住したことがない人で、相続開始時から申告期限までその宅地等を有している人

なお、平成30年度の税制改正で、持ち家に居住していない者にかかる特定居住用宅地等の特例の対象者の範囲から、次の者を除外することになりました。平成30年4月1日以降の相続開始分より適用されます。

・相続開始前3年以内に、3親等内の親族等が所有する国内にある家屋に居住したことがある者
・相続開始時において居住している家屋が過去に自己所有であった者

■特定同族会社事業用宅地等

・法人役員要件─相続税の申告期限においてその法人の役員（法人税法第2条第15号に規定する役員）であること
・保有継続要件─その宅地等を相続税の申告期限まで有していること

■貸付事業用宅地等の場合

・事業承継要件─その宅地等に係わる被相続人の貸付事業を相続税の申告期限までに引き継ぎ、かつ、その申告期限までその貸付事業を行っていること
・保有継続要件─その宅地等を相続税の申告期限まで有していること

実際の特例の活用方法について紹介しましょう。

被相続人が賃貸マンションを建設し、その一室を自宅として使っている場合、その敷地は、特定居住用宅地等に該当する部分と貸付事業用宅地等（不動産貸付用）に該当する部分に分かれます。したがって、それぞれについて按分して減額割合を計算することになります。

例えば、6階建てのマンションで最上階が被相続人の自宅だった場合、限度額に達するまで、その敷地の6分の1が特定居住用宅地として80％の減額になり、6分の5が不動産貸付用宅地として50％の減額になります。

また、1つの宅地を複数の相続人で共同相続した場合は、取得した人ごとに特例の適用に合致するかどうかを判定します。

例えば、被相続人の自宅を配偶者と別居の子供（マイホームあり）が共同で相続したとします。配偶者と子供が2分の1ずつ相続した場合、配偶者が取得した部分は特定居住用宅地等として80％の減額になりますが、子供が取得した部分は、その子供が居住していないため、特例の要件には当たらず、減額は受けられません。ただし、子供にマイホームがなく、賃貸マンションなどに居住している場合は、この特例を受けることができ、80％の減額が認められます。

なお、平成30年度の税制改正で、貸付事業用宅地等の範囲から、相続開始前3年以内に貸付事業の用に供された宅地等を除外することになりました。平成30年4月1日以降の相続開始分より適用されます。

※相続開始前3年を超えて事業的規模（5棟10室以上）で貸付事業を行っている者は、当該貸付事業を行ったのが3年以下でも除外しない

私道やセットバック、地積規模の大きな宅地などの評価

私道に所有権がある場合には、その私道部分についても評価が必要になります。

例えば、特定の者だけが利用する私道は、通常評価額の30％になり、不特定多数の者が利用する私道（通り抜け私道）はゼロ評価になります。

また、建物の敷地が接する道路の幅が4ｍに満たない場合、建築基準法により、将来建て替えなどをする際に敷地の境界線を道路の中心線から2ｍまで後退させる決まりになっています。これをセットバックといい、自分の宅地であっても建物を建てることはできません。このセットバックすべき部分については、通常どおりに評価した価額から70％減額することができます。

さらに、「地積規模の大きな宅地（三大都市圏では500㎡以上の地積の宅地、それ以外の地域では1000㎡以上の地積の宅地）の評価」の対象となる宅地は、路線価地域にあるものについては、地積規模の大きな宅地のうち、普通商業・併用住宅地区及び普通住宅地区にあるものとなります。また、倍率地域にあるものについては、地積規模の大きな宅地に該当する宅地であれば対象となります。

・地積規模の大きな宅地が路線価地域にある場合

評価額＝路線価×奥行価格補正率×不整形地補正率などの各種画地補正率×規模格差補正率×地積（㎡）

・地積規模の大きな宅地が倍率地域にある場合

次に掲げるａの価額とｂの価額のいずれか低い価額により評価します。

a　その宅地の固定資産税評価額に倍率を乗じて計算した価額

b　その宅地が標準的な間口距離及び奥行距離を有する宅地であるとした場合の1㎡当たりの価額に、普通住宅地区の奥行価格補正率、不整形地補正率などの各種画地補正率のほか、規模格差補正率を乗じて求めた価額に、その宅地の地積を乗じて計算した価額

農地や山林の評価はどうするのか

農地は、その場所がどこにあるかによって4つに区分され、評価方法も決められています。所有する農地の区分がわからない場合は、最寄りの税務署に尋ねるか、国税庁のホームページに掲載されている「評価倍率表」で確認しましょう。

4つの区分の評価方法は、次の通りです。

・純農地の評価→倍率方式（固定資産税評価額×倍率）
・中間農地の評価→倍率方式（固定資産税評価額×倍率）
・市街地周辺農地の評価→市街地農地評価額×0.8
・市街地農地の評価→宅地比準方式（宅地評価額－宅地造成費）

なお、宅地造成費は、それぞれの国税局ごとに一定の金額が定められています。

山林についても、農地と同じような評価方法で計算します。

・純山林の評価→倍率方式（固定資産税評価額×倍率）
・中間山林の評価→倍率方式（固定資産税評価額×倍率）
・市街地山林の評価→宅地比準方式（宅地評価額－宅地造成費）

建物の評価はどうするのか

これまで土地の相続税評価額について説明してきましたが、では、建物の評価方法はどのようにすればいいのでしょうか。

建物の相続税評価額は、原則として一棟の家屋ごとに価格を計算します。基になるのは固定資産税評価額で、これに定められた倍率を乗じる方式になっていますが、この倍率は1・0になります。したがって、固定資産税評価額と同じ額が相続税評価額となります。

建物の固定資産税評価額は、市町村の税務課で固定資産課税台帳を閲覧すれば確認でき、申請すれば「評価証明書」を発行してくれます。あるいは、毎年4月頃に送られてくる「固定資産税の納税通知書」で確認することもできます。

自用建物（自宅、別荘など）と貸付用建物（アパートなどの貸家）の評価額の計算方法は以下の通りです。

・自用建物

自用建物の評価額＝固定資産税評価額×1・0

・貸付用建物

貸付用建物の評価額＝自用建物の評価額×1・0×（1－借家権割合×賃貸割合）

貸付用建物の場合には、利用に制限があるという理由により一定の評価減（貸家の評価減）の適用があります。借家権割合は全国一律30％になります。それに賃貸割合を乗じたものを1から引いて、それを固定資産税評価額にかけます。空き室が多いと評価額が上がってしまいますので、できるだけ空き室を埋めるようにしましょう。それが相続税対策になります。

所有するマンションに自宅として使用する部分と、貸家として使用する部分がある場合には、その使用の割合によって按分計算します。

例えば、評価額5000万円の5階建てマンションの最上階部分を住居用とし、1～4階を賃貸にしている場合で、全室満室であれば、住居部分が5000万円×1／5＝1000万円となり、貸家部分が5000万円×4／5×（1－30％×100％）＝2800万円となります。したがって、建物全体では3800万円の評価額になります。

建物を建設中の場合は、その家屋の費用原価の70％相当額で評価することになっています。費用原価は、建設会社や工務店などに依頼すれば、費用明細を出してもらえます。

なお、家屋を借りている人に借家権はありますが、借家権の評価額はゼロです。

不動産以外の財産の評価方法

不動産以外の自社株やゴルフ会員権、生命保険などの財産の評価方法について説明します。

株式の評価はどうするのか

株には「上場株式」と「非上場株式」があり、非上場株式の中には「気配相場のある株式」と、中小同族会社の株のように「取引相場のない株式」があります。それぞれについて説明します。

1　上場株式

上場株式は、株式の中で最も評価が簡単で、次の４つの中で最も低い価格が相続税評価額となります。

・相続開始日の終値
・相続開始日が属する月の毎日の終値の平均額
・相続開始日が属する月の前月の毎日の終値の平均額
・相続開始日が属する月の前々月の毎日の終値の平均額

現時点での財産の把握には、金融機関から受け取る「取引残高報告書」などの直近の時価額をおおよその評価額とすればいいでしょう。

2 気配相場のある株式

気配相場には「日本証券業協会の登録銘柄や店頭管理銘柄」と「公開途上にある株式」があります。

登録銘柄や店頭管理銘柄の評価は、日本証券業協会の公表する相続開始日の取引価格により評価します。また、公開途上にある株式の評価は、競争入札により決定される公開価格で評価します。

以上が気配相場の株式の評価の方法ですが、相続対策のための評価であれば、自分で把握できる直近の取引価格による評価で十分です。

3 取引相場のない株式（自社株）

取引相場のない株式は、評価が最もむずかしく、自分の会社と似たような規模の会社（類似会社）で相場観のある株式の株価を参考にするか、純資産価格を株数で割ったもので評価します。取引相場のない株式については、事項でさらに詳しく説明します。

取引相場のない株式（自社株式）の評価はどうするのか

上場株式の場合、その株の評価額は誰が取得しても同じですが、取引相場のない株式（未公開の株式・出資持ち分）では、取得する人が「同族株主等」と「それ以外の人」では相続税（贈与税）の評価が異なります。

取引相場のない株式の評価の手順は、以下の通りです。

1　株主の判定

株主が同族株主か、それ以外の株主かを判定します。図13でおわかりのように、評価方法には「原則的評価方式」と「配当還元方式」の2つがあります。

原則的評価方式は、会社を従業員数、総資産価額、売上高によって、大会社・中会社・小会社のいずれかに区分して評価するものです。

配当還元方式は、同族株主以外の株主に対する配当金に基づいて算出するものです。

配当還元方式については後述しますので、ここでは原則的評価方式について説明します。

2　会社規模の判定

原則的評価方式では、会社の規模が「大会社」「中会社の大」「中会社の中」「中会社の小」「小会社」のいずれに当たるのかを判定します。判定の基準となるのは、「従業員数」「総資産価額（帳簿価額）」「取引金額（年間売上高）」の3つです。

従業員が70人以上の会社は「大会社」になります。従業員が70人未満の場合は、図14により判定します。

3　特定評価会社等の判定

「特定評価会社等」とは、以下に該当する会社のことです。特定評価会社等に判定されたら、どのような会社の規模であっても、原則として純資産価額で評価しなければならないことになっています。

図13 株主の判定と評価方式

<table>
<tr><th colspan="5">株主の態様</th><th>評価方式</th></tr>
<tr><td rowspan="6">同族株主のいる会社</td><td rowspan="5">同族株主グループ</td><td colspan="3">取得後の持株割合5%以上</td><td rowspan="4">原則的評価方式</td></tr>
<tr><td rowspan="4">取得後の持株割合5%未満</td><td colspan="2">中心的な同族株主がいない</td></tr>
<tr><td rowspan="3">中心的な同族株主がいる</td><td>中心的な同族株主</td></tr>
<tr><td>役員である株主または役員になる株主</td></tr>
<tr><td>その他</td><td rowspan="2">配当還元方式</td></tr>
<tr><td colspan="4">同族株主以外の株主</td></tr>
</table>

<table>
<tr><th colspan="5">株主の態様</th><th>評価方式</th></tr>
<tr><td rowspan="5">同族株主のいない会社</td><td rowspan="4">持株割合の合計が15%以上のグループに属する株主</td><td colspan="3">取得後の持株割合5%以上</td><td rowspan="3">原則的評価方式</td></tr>
<tr><td rowspan="3">取得後の持株割合5%未満</td><td colspan="2">中心的な同族株主がいない</td></tr>
<tr><td rowspan="2">中心的な同族株主がいる</td><td>役員である株主または役員になる株主</td></tr>
<tr><td>その他</td><td rowspan="2">配当還元方式</td></tr>
<tr><td colspan="4">持株割合の合計が15%未満のグループに属する株主</td></tr>
</table>

図13-2 【参考】用語解説

表中の「同族株主」、「中心的な同族株主」、「中心的な株主、及び役員」とは、次の者をいいます。

<table>
<tr><td rowspan="2">同族株主</td><td>原則</td><td>株主の1人及びその同族関係者の有する株式の合計数が、その会社の発行株式総数の30%以上である場合の当該株主及びその同族関係者をいいます。</td></tr>
<tr><td>特則</td><td>株主の1人及びその同族関係者の有する株式の合計数が最も多いグループの有する株式の合計数が、その会社の発行済株式総数の50%以上である会社については、その50%以上の株式を有するグループに属する株主をいいます。</td></tr>
<tr><td colspan="2">中心的な同族株主</td><td>同族株主のうち1人並びにその株主の配偶者、直系血族、兄弟姉妹及び一親等の姻族（特殊関係会社を含む）の有する株式の合計数がその会社の発行済株式総数の25%以上である場合の当該株主をいいます。</td></tr>
<tr><td colspan="2">中心的な株主</td><td>同族株主のいない会社の株主の1人及びその同族関係者の有する株式の合計数が、その会社の発行済株式数の15%以上である株主グループのうちいずれかのグループに単独でその会社の発行済株式数の10%以上の株式を所有している場合の当該株主をいいます。</td></tr>
<tr><td colspan="2">役員</td><td>社長、理事長、副社長、代表取締役、専務取締役、専務理事、常務取締役、常務理事、その他これらの者に準ずる役員、監査役及び監事をいいます。</td></tr>
</table>

※中心的な株主とは、議決権割合15%以上のグループ内の株主で、単独で10%以上の議決権を所有している株主をいう

図13-3 非上場会社の株式評価方式（相続税評価）

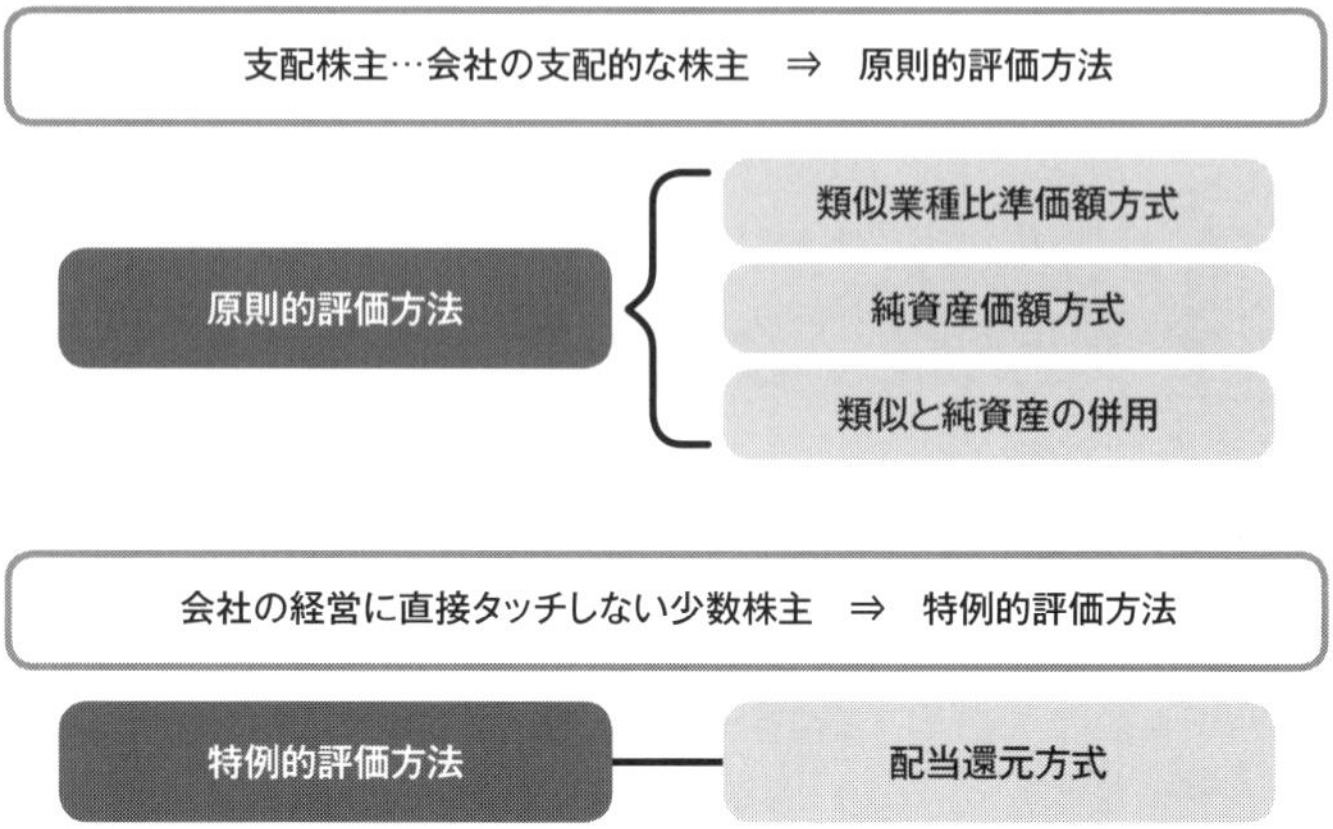

図14 会社規模の判定（平成29年1月1日以後の相続・贈与から適用）

会社の規模とLの割合	総資産価額（帳簿価額）			従業員数	年間の取引金額		
	卸売業	小売業サービス業	左記以外		卸売業	小売業サービス業	左記以外
大会社				70人以上			
	20億円以上	15億円以上	15億円以上	35人超	30億円以上	20億円以上	15億円以上
中会社の大 L＝0.9	4億円以上	5億円以上	5億円以上	35人超	7億円以上	5億円以上	4億円以上
中会社の中 L＝0.75	2億円以上	2.5億円以上	2.5億円以上	20人超35人以下	3.5億円以上	2.5億円以上	2億円以上
中会社の小 L＝0.6	7,000万円以上	4,000万円以上	5,000万円以上	5人超20人以下	2億円以上	6,000万円以上	8,000万円以上
小会社	7,000万円未満	4,000万円未満	5,000万円未満	5人以下	2億円未満	6,000万円未満	8,000万円未満

第1次判定 ①どちらか下の区分

第2次判定 ②どちらか上の区分

※「L」とは、類似業種批準価額の折衷割合のこと。図14参照

図15　会社規模による評価方法

区分				評価方法
一般の評価会社の株式	原則的評価方法	大会社		・類似業種比準価額方式 ・純資産価額方式　いずれか低い方
		中会社	大　L=0.9	類似業種比準価額[注1]×L＋準資産価額[注2]×（1-L）
			中　L=0.75	類似業種比準価額[注1]×L＋純資産価額[注2]×（1-L）
			小　L=0.6	類似業種比準価額[注1]×L＋純資産価額[注2]×（1-L）
		小会社		・純資産価額方式[注2] ・併用方式　いずれか低い方 類似業種比準価額[注1]×0.5＋純資産価額[注2]×0.5
	特例的評価方法			配当還元方式（原則的評価方式も選択可）[注3]

注1）類似業種比準価額よりも純資産価額（20%の減額をしない金額）が低ければ、純資産価額による
注2）特殊割合（議決権）の割合が50%以下の株式グループの場合は、純資産額の80%とする
注3）配当還元価額よりも原則的評価方式による評価額の方が低ければ、原則的評価方式による

・比準要素1の会社（＝類似業種比準価額方式で評価する場合の3つの比準要素「配当金額」「利益金額」「純資産価額」のうち、いずれか2つが「0」の会社）
・開業3年未満の会社、または比準要素0の会社
・総資産のうち、土地及び土地の上に存する権利を一定割合以上保有している会社（土地保有特定会社）
・総資産のうち、株式及び出資を一定割合以上保有している会社（株式保有特例会社）
・その他、開業前・休業中・清算中の会社
など

4　評価方法の適用

原則的評価方式には、「類似業種比準価額方式」「純資産価額方式」「併用方式」の3つがあり、会社規模により評価方法が決

図 16　類似業種比準価額方式の計算

(B)＝評価する会社の1株当たりの配当金額
B＝類似業種の1株当たりの配当金額

(C)＝評価する会社の1株当たりの利益金額
C＝類似業種の1株当たりの年利益金額

(D)＝ 評価する会社の1株当たりの純資産金額
D＝類似業種の1株当たりの純資産価額

$$A \times \left(\frac{\frac{(B)}{B} + \frac{(C)}{C} + \frac{(D)}{D}}{3} \right) \times \begin{cases} 0.7(\text{大会社}) \\ 0.6(\text{中会社}) \\ 0.5(\text{小会社}) \end{cases} = \text{評価額}$$

しんしゃく率

A＝類似業種の株価

・評価する月の株価
・評価する前月の株価
・評価する前々月の株価
・評価年度の前年平均
・評価月以前の2年平均のうち、最も低いもの

※類似業種の上場会社の（B.C.D）について、連結決算を反映させたものとする（これらは平成29年1月1日から適用する）

図 17　純資産価額方式の計算

$$\text{1株当たりの純資産価額} = \frac{\text{課税時期}^{\text{注1)}}\text{の総資産額（相続税評価額）} - \text{課税時期の負債金額の合計額} - \text{評価差額（含み益）に対する法人税相当額}^{\text{注3)}}}{\text{評価時期における発行済株式数}}$$

純資産価額方式の計算は、資産の相続税評価額注2)から、負債の相続税評価額および資産の含み益に対する法人税額等相当額を差し引いて、評価会社の株式価額を求めます。


注1）課税時期とは、相続または贈与により株式を取得した日をいいます。

注2）会社保有資産は、原則として相続税評価額により評価します。ただし、課税時期開始前3年以内に取得または新築した土地等や家屋等の価額は、課税時期における通常の取引価額相当額(帳簿価額が通常の取引価額に該当する場合は帳簿価額）で評価します。

注3）評価差額に対する法人税額等相当額とは、課税時期に発行会社が清算した場合に課せられる法人税等に相当する金額です。具体的には、相続税評価額による純資産価額(総資産価額-負債金額）と帳簿価額による純資産価額の差額（評価差額=含み益）に37%(平成28年4月以降）を乗じて計算した金額をいいます。

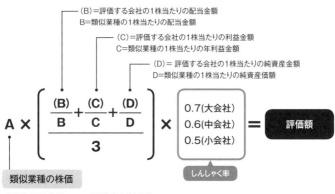

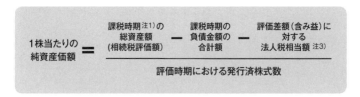

図18 配当還元価額方式の計算

直前期末以前2年間の配当金額 ／ 2 ÷ 1株当たりの資本金の額を50円とした場合の発行済株式数（資本金額÷50円） ＝ 年配当金額（2円50銭未満の場合は2円50銭）

↓

その株式に係る年配当金額 ／ 10％（還元率） × その株式の1株当たりの資本金の額 ／ 50円 ＝ 配当還元価額

まっています（図15）。

類似業種比準価額方式とは、評価しようとする会社と業種の類似する上場会社の株価を基にして、さらに会社の基本要素である配当金額・利益金額・簿価純資産価額の3要素について類似する上場会社と当該会社を比較して算出するものです（図16）。

純資産価額方式とは、評価しようとする会社の課税時期における資産・負債の相続税評価額を基として、1株当たりの純資産価額を求める方式のことです（図17）。

「1株主の判定」で、同族株主以外の株主とした場合には、配当還元方式により株式を評価します（図18）。

取引相場のない株式（自社株）の評価は、一般の人が算出するには複雑すぎますので、税理士に依頼して定期的に算出してもらうといいでしょう。

預貯金、受益証券などの評価はどうするのか

預貯金については、預金残高が課税額となります。定期預金の場

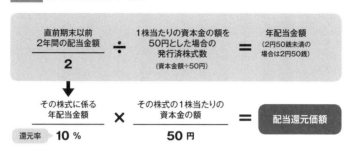

合は、利子も含めた金額に課税されます。貸付信託の受益証券に関しては、収益額（－税金）から買取割引料を差し引いたものが相続財産となり、証券投資信託の受益証券に関しては、課税時期の基準価格が相続財産になります。

いずれにしても、実際の相続が開始される前の段階では、正確な評価はできませんので、現状の時価を概算で把握しておけばいいでしょう。

ゴルフ会員権の評価はどうするのか

取引相場のあるゴルフ会員権に関しては、課税時期の通常の取引価格の70％に相当する金額で評価します。取引価格に含まれない預託金などがある場合は、その金額を合算して評価します。

取引相場のないゴルフ会員権に関しては、株式の価額または預託金の価額、あるいはその両方の価額を合計した金額によって評価します。

その他の財産の評価はどうするのか

自動車や書画・骨董品、家財道具などの動産の評価は、評価する時点で同じものを購入する場合の価格で評価します。

例えば、自動車は同じ車種・年式の中古車の価格を参考にします。書画や骨董品は、売買実例や鑑定士などの専門家による評価額を参考に価額を算出することになります。

家庭用動産である家具や家電製品などについては「家財道具一式50万円」のように一括評価します。宝石や貴金属類も家庭用動産に含まれますが、特に高価なものについては別途鑑定が必要になる場合もあります。また、取引相場のある金やプラチナなどの地金は、課税時期の取引価格で評価します。

財産評価が終わったら、財産一覧表を作成する

「ステップ1」で不動産や不動産以外、負債などの財産の洗い出しを行い、「ステップ2」でそれらの財産評価を行いますが、それらが終わったところで、財産の評価額を記入した財産一覧表を作成します。

この財産一覧表を基に、「ステップ3」の「遺産分割」について考え、「ステップ4」の「相続税の概算を計算する」へと進んでいきます。財産一覧表（巻末ページ）には相続税の結果も記入できるようにしておきます。

作成するに当たっては、財産をできるだけ細かく区分しておくことがポイントになります。そうすると、遺産分割を考えるときの目安になるからです。

例えば、土地や家屋は用途ごとに区分する、有価証券は種類や銘柄ごとに区分する、預貯金は金融機関ごと、口座ごとに区分するというように記入します。

また、各相続人の名前と相続分を記入する欄を設け、具体的な相続額を記入できるようにしておきます。相続税がかかりそうな場合は、各相続人が負担する概算相続税額を書き込める欄も設けておきます。

こうした表を作成しておけば、自分の財産の内容が一目でわかり、相続対策を考える際の目安になります。また、専門家に相談するときもスムーズに話が進みます。

ステップ3 遺産分割について考える

財産の把握ができたら、次のステップとして遺産分割について考えます。これは「誰に何を相続させるのか」を具体的に考えるというものです。

まず、遺産分割を考える上で大事なことは、「平等」ではなく、「公平」という観点を持つことです。同じ子供でも、家業を継いで同居している長男と、家を出てサラリーマンをしている次男とでは被相続人との関係には温度差があります。あるいは、過去に結婚資金や住宅購入資金などを援助したとか、病気になった妻の面倒を見てくれたなど、相続人との間にはさまざまな事情があったりします。

そういった事柄を加味した遺産分割をしないと、相続人の間で不公平になる可能性もあります。実際、それがしこりとなって相続人同士の関係が険悪になってしまうこともあるのです。被相続人にとっても、そんな状態になるのは本意ではないと思います。

遺産分割を考える際には、法の下の「平等」よりも情を加味した「公平」な遺産分割を考えましょう。

その際の参考になる点をいくつか説明します。

公平な相続を考えるための3つのポイント

■特別受益

特定の相続人が被相続人から生前に「婚姻又は養子縁組のための贈与」や「生計の資本としての贈与」を受けていたとします。その場合、他の相続人に比べて特別に財産を受け取っていたことになります。したがって、これを「特別受益」といいます。

「婚姻又は養子縁組のための贈与」とは、結婚資金としてまとまった金額を援助したり、婚礼家具や家電製品などを買い与えたりした場合をいいます。

「生計の資本としての贈与」とは、住宅ローンの頭金を援助したり、留学資金や開業資金などを援助したりした場合をいいます。

おこづかい程度に生活費を与えたり、進学費用を出したりすることは、特別受益には当たりませんが、苦しい家計の中で、子供3人のうち1人だけ大学に進学させたというような場合には、特別受益に当たるといえるでしょう。

こうした特別受益がある場合、法定相続分通りに遺産分割すると、他の相続人に対して不公平になってしまいます。そこで、遺産分割の際に、特別受益分を相続財産に加えて計算し（持ち戻し）、不公平さを是正するのが望ましいといえます。

例えば、法定相続人が子供2人（長男・次男）、相続財産が9000万円で、長男に特別受益分1000万円があった場合、計算方法は次のようになります。

相続財産の総額は、特別受益分を持ち戻して「相続財産9000万円＋特別受益分1000万円＝1億円」として計算し、それを2分の1ずつに分けます。すると、相続分は5000万円ずつになりますが、長男の相続分から特別受益分1000万円が差し引かれるため、実際には4000万円が長男に、5000万円が次男に相続されることになります。

なお、特別受益の金額は、贈与時の時価ではなく、相続開始時の時価で計算します。

例えば、贈与された当時、1000万円だった不動産が相続開始時に3000万円になっていた場合、持ち戻しの金額は3000万円になり、それが特別受益分として相続分から差し引かれることになります。

■寄与分

生前、被相続人に特別に貢献（寄与）し、その財産を守ったり増やしたり、あるいは、被相続人の療養看護をしたという相続人がいた場合、本来の相続分に上乗せして相続させることが望ましいとされます。この上乗せする財産のことを「寄与分」といいます。

寄与分が金銭的にどの程度のものなのか、決まりがあるわけではありません。相続人同士で話し合うことになりますが、その際、貢献度を金銭に換算し、寄与分を決めます。

例えば、法定相続人が子供3人（長男・次男・長女）で、相続財産が1億円だとします。被相続人の事業を手伝った長男に寄与分1000万円を与えたい場合、「相続財産1億円−寄与分1000万円＝9000万円」を相続財産とします。9000万円を3分の1ずつに分けると3000万円になりますが、長男には寄与分1000万円を加算し、4000万円を相続分とします。次男と長女の相続分はそれぞれ3000万円となります。

■遺留分

民法では「遺言や生前贈与によっても侵すことのできない最低限、相続できる割合がある」と規定し、一定の相続人の取り分を保障しています。これを「遺留分」といいます。

例えば、被相続人が妻子ではなく、愛人に全財産を遺贈するという遺言を残したとしましょう。たとえ、遺言であっても全財産を愛人に相続させるのは、残された妻子にとってあまりにも理不尽です。また、被相続人が亡くなった後の生活も立ちゆかなくなってしまいます。そういう場合、妻子には遺留分を請求する権利があり、それを「遺留分減殺請求」といいます。

相続人のうち、遺留分が認められているのは、配偶者・直系卑属（子供）・直系尊属（親）になります。兄弟姉妹には遺留分はありません。

遺留分の額については、以下の通りです。

- 法定相続人が配偶者と子の場合—法定相続分の2分の1
- 法定相続人が配偶者と親の場合—法定相続分の2分の1
- 法定相続人が配偶者だけの場合—法定相続分の2分の1

・法定相続人が子だけの場合―法定相続分の2分の1
・法定相続人が親だけの場合―法定相続分の3分の1

被相続人が亡くなった後、自分の遺留分が侵害されているとわかった場合、権利を侵害した相続人などに対して「遺留分減殺請求」ができます。この請求を受けた相続人に拒否権はありません。それくらい絶対的な権利なのです。

例えば、法定相続人が妻と子供2人（長男、長女）の場合。被相続人が財産1億円をすべて愛人に遺贈するという遺言があっても、法定相続分の2分の1である5000万円は、遺留分として妻子3人に保証されます。つまり、妻と子供2人の遺留分は、妻が元の財産の4分の1である2500万円、長男と長女はそれぞれ8分の1の1250万円ということになります。

ただし、遺留分減殺請求には期限があります。「相続開始及び遺留分を侵害している遺贈・贈与があると知ってから1年を過ぎた場合」「相続開始から（相続を知らなくても）10年を過ぎた場合」には減殺請求をすることができなくなります。

つまり、被相続人が法定相続分とは異なる割合で遺言したい場合、少なくとも各相続人の遺留分は侵さない程度の相続割合にすることが望ましいといえます。

なお、すべての財産を愛人に遺贈するという場合、実際には公序良俗違反で遺言無効となる可能性があることを付け加えておきます。

納税分を考慮した遺産分割を考える

財産の総額が基礎控除内におさまり、納税の必要がないということなら問題はありませんが、相続税がかかりそうな場合には、それを考慮した遺産分割を考える必要があります。相続税は相続人それぞれが負担するため、相続した財産によっては納税するのがむずかしくなることもあります。なぜなら、納税は相続開始から10カ月以内に現金一括納付が原則だからです。

例えば、子供2人のうち、長男に土地と建物を相続させ、次男に預貯金を相続させたとしましょう。

誰まで相続できるの？

私が死んだら、妻のお前が2分の1、子ども2人には4分の1ずつ
1/2
1/4
1/4
あなた、愛人とか、いないわよね
まさか！
でも、相続させること、できるんですって
じゃ、白状しちゃうか
ええっ!!
じょーだん、じょーだん
ハハハ…

当然、財産の大部分を占める不動産を相続した長男の方が、相続税額が大きくなります。しかし、長男に金銭的な余裕がなければ、納税することができません。せっかく不動産を相続しても、土地を売って現金を作らざるを得なくなります。あるいは、物納で土地を手放すことになってしまいます。

そうならないためにも、各相続人が支払う相続税のことを考慮に入れた遺産分割でなければなりません。財産一覧表を作成するときには大まかな相続税額も算出し、遺産分割に生かすようにしましょう。

不動産を共有にするのはトラブルのもと

遺産分割するとき、不動産をどうするかは悩ましい問題です。財産の大半が不動産である場合は、うまく分けることがむずかしく、相続争いに発展しかねません。

しかたなく不動産を共有にする人もいますが、それは後々、トラブルの元になってしまいます。例えば、自分の持ち分だけ売却しようとしても、実質的にむずかしく、自分の持ち分を担保に銀行からお金を借りることもほとんど不可能です。不動産そのものを処分（売却・建替え・建築・取壊し・大規模修繕・担保権設定など）するには共有者全員の合意が、他人に貸すには共有持分の過半数の合意が必要になります。

さらに、時間が経過すると共有者が亡くなることもあります。そうすると、その配偶者や子供たちが新たな共有者として加わることになり、話し合いはもっとむずかしくなります。いつの間にか、お互いの顔すら知らない人同士が共有者として名を連ねることになってしまうのです。こうなると、不動産は宙に浮いた状態になり、共有者間の意見の調整は困難を極めることになります。

また、共有者の一人が認知症などで判断能力を喪失すると、全員の合意どころか、ケースによっては持分の過半数の合意さえも取れず、ほぼ何もできなくなります。

そうした事態を避けるためには、不動産を共有にせず、単独所有にすることです。それが相続人同士が争わない一番の解決方法といえるでしょう。

ステップ4　相続税の概算を算出する

財産一覧表を作成し、誰に何を相続させるかを決めたら、次に相続税の計算をしてみます。それによって納税する必要があるのかどうか、相続税がかかるとすれば、どれくらいになるのかがわかります。ただし、まだ実際に相続が開始したわけではありませんから、わかる範囲内で計算してみましょう。

相続税の計算方法

相続税の課税価格は、相続人ごとに算出しますが、まず、被相続人の遺産総額を把握する必要があります。遺産総額は、「本来の相続財産」（土地・建物・現金・有価証券・ゴルフ会員権など）と「みなし相続財産」（生命保険金・死亡退職金など）を合算した金額になります。

遺産総額から非課税財産（生命保険金／死亡退職金の非課税枠・小規模宅地の評価減の特例など）や債務（ローンや未払いの税金など）、葬式の費用などを差し引きます。

差し引いた金額に、相続時精算課税制度を使って贈与された財産や相続開始前3年以内に相続人に贈与した財産があれば、その金額を加算します。

これらを加減した後の金額から、以下の「基礎控除額」を差し引いても残額がある場合には、相続税がかかることになります。


【基礎控除額】3000万円＋600万円×法定相続人の数

基礎控除額を差し引いた残額を「課税遺産総額」といいます。

次に、課税遺産総額を使って、各相続人の相続税額を次の3つのステップにより算出します。

1　課税遺産総額を法定相続人が法定相続分通りに取得したと仮定して、各相続人が受け取る財産額を計算します。
2　法定相続人ごとの財産額に相続税の税率を乗じて税額を出し、各人の税額を合算します。この金額が相続税の総額になります。
3　相続税の総額を、相続人の実際の取得金額で按分します。これが各人の相続税額になります。

相続税の算出に関係するさまざまな制度

実際の各相続人の納付税額は、以下のように、相続人の個人的な事情によって調整が行われます。

■税額加算（2割加算）

財産の取得者が「配偶者及び被相続人の子、父母、代襲相続人となった孫等」以外の場合に、その人の納税額は、本来の相続税に2割加算した金額になります。

具体的には、被相続人の兄弟姉妹、甥・姪、内縁関係の妻、友人・知人などが相続・遺贈により財産を取得したときに、税金が2割加算になります。被相続人の孫や曾孫などが養子となった場合にも、2割加算になります。

■贈与税額控除

相続や遺贈により財産を相続した人が、相続開始前3年以内に被相続人から暦年贈与されていた場合には、その金額を相続財産に含めて相続税を計算します。その際、贈与時に払った贈与税は相続税額から控除します。また、「相続時精算課税制度を利用した贈与財産」も、相続税の課税対象となります。

■配偶者の税額軽減

配偶者は、被相続人とともに生活し、財産を築くのに貢献したと見なされ、特別な控除枠があります。婚姻の期間に関係なく、相続発生時に婚姻関係があれば適用されます。

配偶者の税額軽減控除額は、「1億6000万円」または「法定相続分」のどちらか大きい額までに

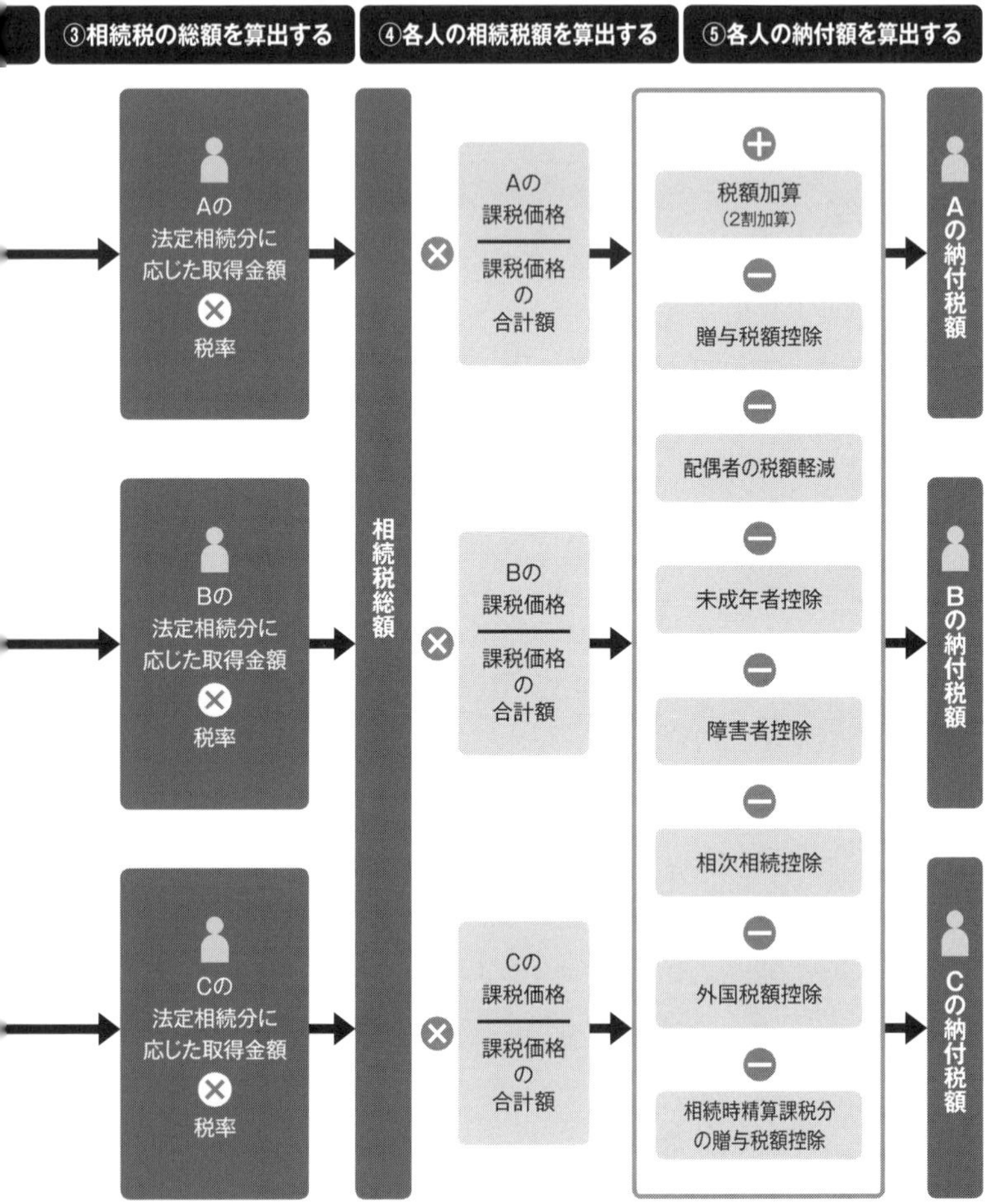
③相続税の総額を算出する
④各人の相続税額を算出する
⑤各人の納付額を算出する
Aの
法定相続分に
応じた取得金額
税率
Bの
法定相続分に
応じた取得金額
税率
Cの
法定相続分に
応じた取得金額
税率
相続税総額
Aの
課税価格
課税価格
の
合計額
Bの
課税価格
課税価格
の
合計額
Cの
課税価格
課税価格
の
合計額
税額加算
(2割加算)
贈与税額控除
配偶者の税額軽減
未成年者控除
障害者控除
相次相続控除
外国税額控除
相続時精算課税分
の贈与税額控除
Aの納付税額
Bの納付税額
Cの納付税額

図19　相続税額と納付税額の計算

◎法定相続人がA、B、Cの3人の場合

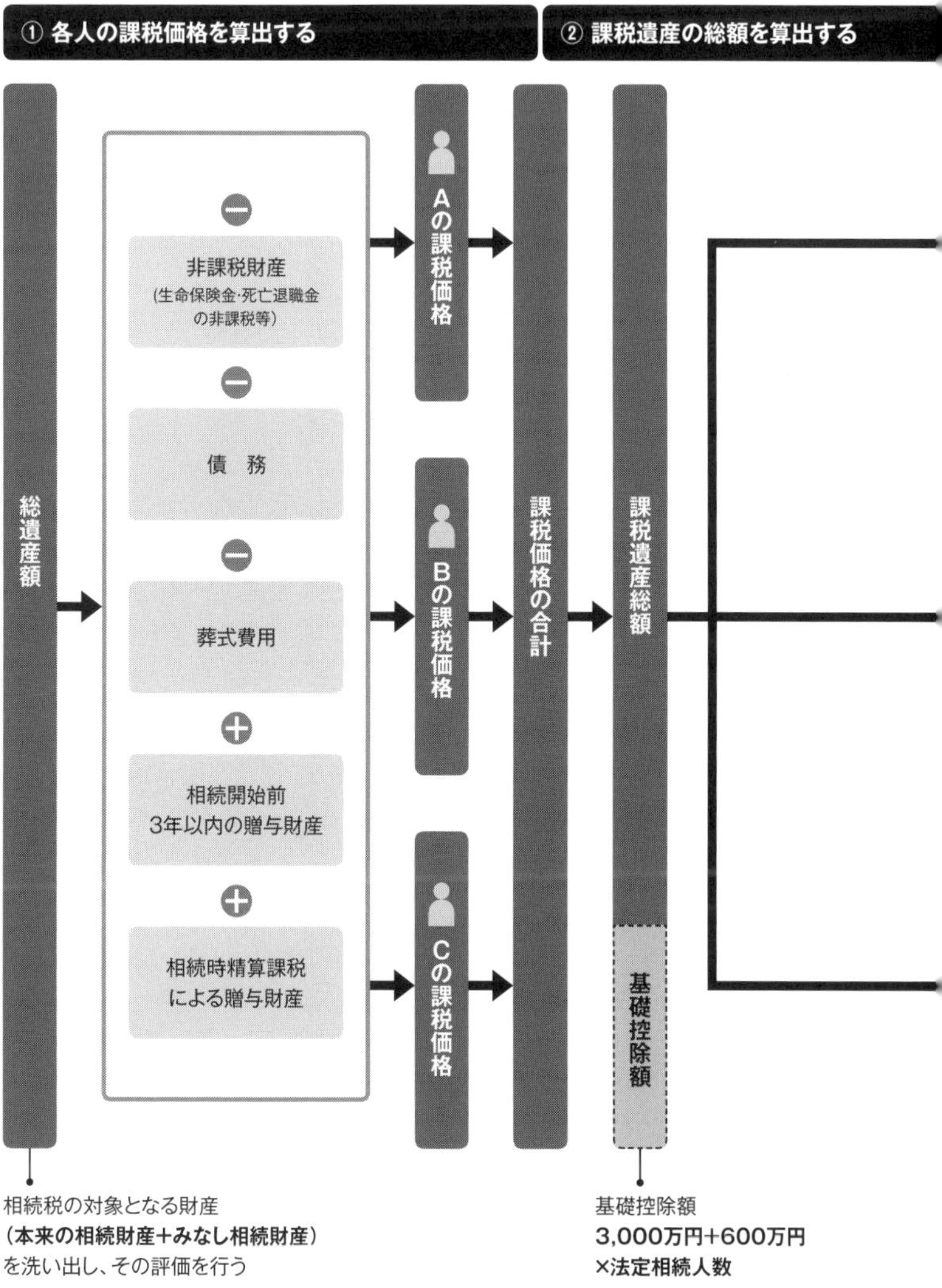

なります。つまり、配偶者が相続した財産の総額がこの控除額以内であれば、相続税はゼロになります。

■未成年者控除

相続人が未成年者だった場合、その相続人が成人するまでの負担などを考慮して「未成年者控除」が適用されます。

・未成年者控除＝（20歳－未成年者の年齢）×10万円

ただし、次の3つの要件を満たしていることが条件となります。

（1）相続や遺贈で財産を取得したときに日本国内に住所がある人（一時居住者で、かつ、被相続人が一時居住被相続人または非居住被相続人である場合を除く）。または、相続や遺贈により財産を取得したときに日本国内に住所がない人でも、次のいずれかに当てはまる人。

a　日本国籍を有しており、かつ、その人が相続開始前10年以内に日本国内に住所を有していたことがある人

b　日本国籍を有しており、かつ、相続開始前10年以内に日本国内に住所を有していたことがない人（被相続人が、一時居住被相続人または非居住被相続人である場合を除く）

c　日本国籍を有していない人（被相続人が、一時居住被相続人、非居住被相続人または非居住外国人である場合を除く）

（2）相続や遺贈で財産を取得したときに20歳未満である人。

（3）相続や遺贈で財産を取得した人が法定相続人（相続の放棄があった場合には、その放棄がなかっ

たものとした場合における相続人）であること。

■障害者控除

障害者が財産を相続した場合には、相続開始時の年齢から85歳になるまでの期間について年間10万円（特別障害者の場合は20万円）を乗じた金額を相続税額から控除することができます。

・障害者控除＝（85歳－障害者の年齢）×10万円（または20万円）

ただし、次の要件を満たしていることが条件となります。

a　日本に住所があること

b　法定相続人であること

■外国税額控除

相続や遺贈により外国に保有している財産を取得し、その財産について外国の相続税が課せられている場合には、相続税からその税額を控除できます。

■相次相続控除

財産を受け継いだ相続人がすぐに亡くなった場合には、同一の財産について何回も相続税が課せられることになります。そこで、相続人の負担を軽減するために、10年以内に2回以上の相続が発生し、相続税が課せられた場合には、前回の相続で支払った相続税額のうち一定額を2回目の相続時に課せられる相続税額から控除することができます。

各人の課税価格

妻　：7,000万円＋1,000万円－1,000万円－1,000万円＝6,000万円
長男：2,400万円
長女：1,800万円
二男：1,800万円

課税価格の合計額

6,000万円＋2,400万円＋1,800万円＋1,800万円＝1億2,000万円

遺産に係る基礎控除の計算

3,000万円＋600万円×4人＝5,400万円

課税遺産総額

課税価格の合計額から遺産に係る基礎控除額を差し引きます。
1億2,000万円－5,400万円＝6,600万円

相続税の総額の計算

課税遺産総額6,600万円を法定相続分通りに按分します。
妻　：6,600万円×1/2＝3,300万円
長男：6,600万円×1/2×1/3＝1,100万円
長女：6,600万円×1/2×1/3＝1,100万円
二男：6,600万円×1/2×1/3＝1,100万円

これに、相続税の速算表の税率と控除額を適用した金額を合計します。
妻　：3,300万円×20%－200万円＝460万円
長男：1,100万円×15%－50万円＝115万円
長女：1,100万円×15%－50万円＝115万円
二男：1,100万円×15%－50万円＝115万円
460万円＋115万円×3人＝805万円

各人の相続税額の計算

相続税の総額を課税価格の合計額に占める各人の課税価格の割合で按分します。
妻　：805万円×6,000万円/1億2,000万円＝402万5,000円
長男：805万円×2,400万円/1億2,000万円＝161万円
長女：805万円×1,800万円/1億2,000万円＝120万7,500円
二男：805万円×1,800万円/1億2,000万円＝120万7,500円

各人の納付税額の計算

各人の相続税額から各種の税額控除や税額加算を行い、各人の納付税額を計算します。本事例では、配偶者の取得分が法定相続分（2分の1）以下となっているため「配偶者の税額軽減」が適用されます。その他の適用はないものとします。
妻：402万5,000円－402万5,000円（配偶者の税額軽減）＝0円
長男：161万円－0円＝161万円
長女：120万7,500円－0円＝120万7,500円
二男：120万7,500円－0円＝120万7,500円

実際に相続税を計算してみましょう

相続人　：妻・長男・長女・二男
相続財産：●預貯金・有価証券・不動産など**1億3,000万円**
　　　　　●生命保険金**1,000万円**（非課税限度額内）
　　　　　●債務**1,000万円**

●**財産の分割方法**

	本人の遺産額	妻	長男	長女	二男
現預金・有価証券・不動産など	13,000万円	7,000万円	2,400万円	1,800万円	1,800万円
生命保険金	1,000万円	1,000万円			
（非課税金額）	△1,000万円	△1,000万円			
債務	△1,000万円	△1,000万円			
合計	12,000万円	6,000万円	2,400万円	1,800万円	1,800万円

●**相続税率の速算表**

各法定相続人の取得金額	現行税率	控除額
~1,000万円以下	10%	0円
1,000万円超~3,000万円以下	15%	50万円
3,000万円超~5,000万円以下	20%	200万円
5,000万円超~1億円以下	30%	700万円
1億円超~2億円以下	40%	1,700万円
2億円超~3億円以下	45%	2,700万円
3億円超~6億円以下	50%	4,200万円
6億円超~	55%	7,200万円

報告

飯嶋 実

やまと相続サポートセンター小菅不動産　代表コンサルタント

事例2

仲の良かった姉の娘である2人の姪にすべての財産を譲りたい

駐車場の管理をさせていただいている、ご高齢の方から、相続税が心配とご相談を受けました。その方のご両親、ご主人、仲の良かったお姉様はすでにお亡くなりになっていて、ご存命の兄弟が2名いらっしゃいました。ご本人にお子様はいません。お姉様のお子様（姪）2名とは事業を一緒にしていたこともあり、ご本人の希望としては、お姉様のご家族だけで相続を行いたいというものでした。

相続税を試算すると約1億7000万円でした。内訳は、かなりの額の現金と駐車場にしている収益性の低い土地です。相続対策を検討するにあたっての重要ポイントと優先順位は、①姪の2人にすべての財産を譲りたい、②姪の2人が分割で揉めない、③大きな負債を残したくない、④節税、の4つでした。

まず、①を実現するために姪のお二人と養子縁組をしました。これにより、ご存命の兄弟2名が相続には登場せず、お姉様の家族内で相続が完結することになります。②については、とても大切なポイントでした。不動産は分割が難しい財産の筆頭格です。今回は節税のために、アパートの建築という手段を採用しましたが、分割を考慮して、1棟のアパートとはせず、2棟のアパートを建築。これで、姪のお2人がアパート1棟ずつを相続することができます。

また、現金については相続税の対象になってしまうため、相続税の納税資金を残して、それ以外は暦年贈与や生命保険の非課税枠の活用、アパート建築の頭金などにして効率的に散らしました。土地の一部は、売却用として、あえてアパートを建てない土地を残しました。相続発生後に、その土地を売却した資金で、アパート建築時に借りたローンの一部を繰り上げ返済して残債を減らし、賃貸経営の安全性を高められるように計画しました。

残念ながら、ご本人様は相続対策後に亡くなってしまったのですが、一緒に相続対策を検討させていただいた甲斐があって、最終的な相続税は5000万円台に圧縮することができました。分割や納税についても問題なく相続手続きを終えることができ、建築したアパートの運営も順調です。相続人の方々からは「何も知らずにいたら、納税のために大半の財産を売却していたかもしれない。分割・納税・節税に加え、今後の資産運用まででき、良かったです」とのお言葉をいただきました。ご相談者であるご本人様が望まれていた形で着地ができたのではないかと思います。

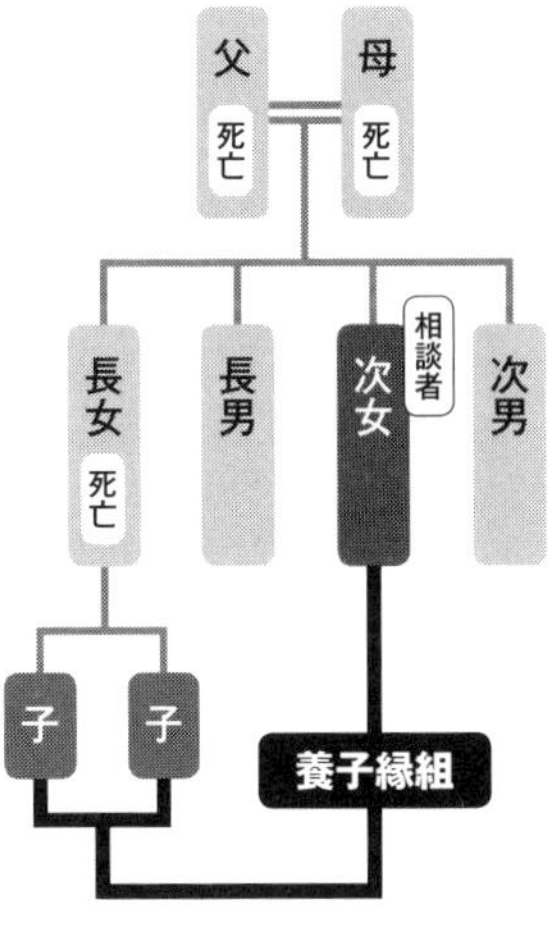

報告

久保勝美
岡山ありき相続サポートセンター津山　代表コンサルタント

事例 3

遺言が曖昧だったために、兄弟の仲が悪くなってしまった

相続発生後、母親の遺言をもとに相続。財産は、一筆の土地にアパート5棟および自宅、現金約2000万円があり、アパート5棟及びアパート敷地は長男、残りの自宅および自宅土地を次男が相続。現金は、兄弟で等分するというものでした。

相続する土地全体は地盤の状況が悪い上に土地陥没があり、その補修費は相続財産である現金で補修するよう記されていました。また、生前に被相続人が図面を準備していたのですが、図面が曖昧で、図面通りに相続すると、次男が相続する自宅の進入口が確保できなくなるというものでした。兄弟は仲が良かったので、長男は進入口部分を次男との共有にすることで分筆を提案。次男も快く承諾しました。ところが数日後、次男の配偶者から土地の整地および土地陥没部分の補修費用は相続する土地面積で按分するように連絡があったのです。これには長男が激怒して……。

それら補修費は約500万円かかり、面積按分すると各相続人の負担する費用が2倍以上変わってきます。長男は、現金は全体の土

COLUMN

地整地および補修、残りを兄弟で等分すると考えていたのですが、次男は、現金をまず等分し、土地面積按分にて補修費を捻出するという見解です。ここから兄弟の仲が崩壊。あげ句の果てに配偶者の主張も混じり、争続に発展してしまいました。

2人とも生前の母親の意思は汲みたいとのことで、不動産は曖昧な図面どおり相続し、次男は残された現金で進入口を確保。現金は等分し、各相続人で補修費用を捻出することで幕を閉じたのでした。

何が問題だったか。それは遺言があまりにも不十分であったこと、生前に税理士に依頼していたことで節税対策は万全だったものの、分割対策はまったく考えていなかったことが挙げられます。現金の分け方や図面については正確でなければ意味がなく、逆にトラブルのもとになります。さらに相続に関係のない配偶者からの横やり。この案件を解決するために2年の年月がかかり、兄弟はその後、疎遠となりました。母親が望んでいた相続を叶えられなかった事例と、今でも時折思います。

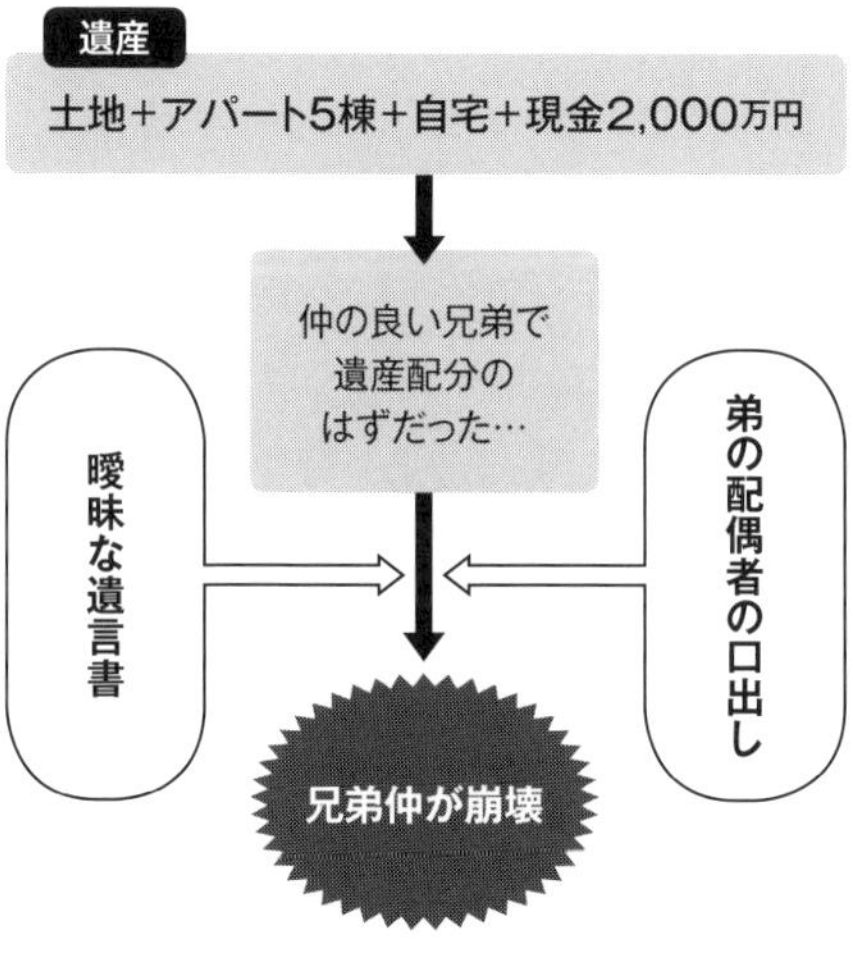

第3章

認知症になったら、相続はこんなに大変

認知症の場合の相続対策

認知症になったら、遺産分割協議ができない

超高齢社会となった現在、認知症になる人の数は右肩上がりで増え続けています。現在、65歳以上の高齢者人口は約3514万人（2017年9月15日現在推計・総務省）ですが、厚生労働省の発表によると、平成24年時点で認知症患者が約462万人で、その割合は65歳以上の高齢者の7人に1人だと推計されています。

さらに、認知症予備群の約400万人を合わせると、65歳以上の4人に1人が認知症を発症する可能性があるとされているのです。今後、認知症患者は増えこそすれ、減ることはありません。このことは相続を考える上で考慮すべき大きな問題といえるでしょう。

実際、私が相談に乗ったケースの中にも、被相続人の妻が認知症で判断能力がなく、遺産分割協議ができないというものが少なからずありました。それなら「残された子供たちだけで相談すればいいじゃないか」と思うかもしれませんが、法律上、それは認められません。遺言書があれば別ですが、ない場合は、相続人全員で遺産分割協議を行う必要があるのです。

配偶者が認知症などで判断能力が不十分な場合には、代わりとなる代理人を立てなければなりません。

それが成年後見人です。家族などが家庭裁判所に申し立てを行うと、司法書士や弁護士などが後見人として選任されます。成年後見人が決まってはじめて財産分けの話し合いができるのです。

ただし、成年後見人が選任されるまでには数カ月かかることもあり、相続税がかかる場合には、申告・納税の期日（相続開始から10カ月以内）までに間に合わないということもあります。そういう場合であっても、亡くなった父親の遺産に手をつけることはできず、相続人の手持ちの現金でいったん納税しなければなりません。

そうならないためにも、認知症の配偶者を考慮した遺言を残すか（※詳しくは124ページ）、次善の策として妻に成年後見人をつけるか、あるいは家族信託をするか、いずれかの対策を考える必要があります。

まず、成年後見制度について次項で説明したいと思います。

成年後見制度には2つの種類がある

成年後見制度とは、認知症や知的障害、精神障害などにより判断能力の不十分な人に保護者（後見人）を立てることで本人の権利を守り、また支援するものです。

ここでいう本人の権利とは、不動産や預貯金などの管理、介護などのサービスや施設に入居するための契約手続き、相続人としての遺産分割協議への参加などになります。

こういった権利を守るために、成年後見人は本人に代わって財産の管理をしたり、介護サービスなどの契約をしたり、遺産分割協議に参加したりします。

近年では、認知症の高齢者が悪徳商法などにだまされるケースも増えています。このような事態を防ぐためにも、成年後見人が代理人として法的な行為を行えるようにしているのです。

この成年後見制度には、「任意後見」と「法定後見」の2つの種類があります。

「任意後見」は、まだ自分が元気で判断能力のあるうちに、将来、認知症などになった場合に備えて、自分の後見人となってくれる親族などと契約を結ぶというものです。このときに、どのような支援をしてもらうか、依頼する内容を決めておきます。これが「任意後見契約」で、委任者（本人）と受任者双方で公証役場に行き、公正証書を作成します。本人が病気などで出向くことができない場合には、公証人が出張してきてくれます。

任意後見契約の公正証書が作成されると、公証役場から法務局に契約内容が通知され、法務局に登記されます。自分に判断能力があるうちは自分で財産管理を行い、その後、判断能力が不十分になってきたら、本人または親族が家庭裁判所に任意後見監督人（後見人を監督する人のこと）の選任を申し出ます。これは、後見人の選任に家庭裁判所が関わっていないことから、横領などの事件の発生を防ぐ意味で選任されるものです。

任意後見監督人が選任されると、事前に依頼していた親族などが任意後見人となり、本人に代わって財産の管理などを行います。任意後見契約では、自分の判断能力があるときに契約を結びますから、財産の管理方法などを定めることができ、任意後見業務がスタートした後も、自分の意向を反映した財産管理ができるというメリットがあります。

もう一方の「法定後見」は、任意後見契約を結ぶ前に認知症などで判断能力を失った場合に、親族が家庭裁判所に申し立てを行い、後見人を選任してもらうことをいいます。この場合、後見人の候補を親族が推薦することはできますが、最終的に決定するのは家庭裁判所となり、司法書士や弁護士が選任されることが多くなります。

法定後見では、本人の判断能力の程度に応じて「補助」（＝判断能力が不十分な人）、「保佐」（＝判断能力が著しく不十分な人）、「後見」（＝判断能力がまったくない人）に分けられます。裁判所は法定後見人を選任するために、医師などによる精神鑑定や親族への意向の照会、本人調査などを行うため、申し立てから審判確定まで、一般的に2～4カ月ほどの期間がかかります。審判が確定すると法定後見が開始され、法定後見開始の事実に基づいて法務局で登記が行われます。

法定後見のデメリットとしては、親族が後見人になることはまれで、司法書士や弁護士などの専門職がなることが多いということです。そうなると、被後見人が生きている間、報酬を支払う義務が生じます。

目安としては、通常の後見業務で月額2万円、財産金額が1000万～5000万円未満で月額3～4万円、5000万円超で月額5～6万円程度となり、特別な後見業務を行った場合（例／居住用不動産3000万円を任意売却したなど）、数十万円の報酬を支払うことになります。

図20　成年後見制度のイメージ

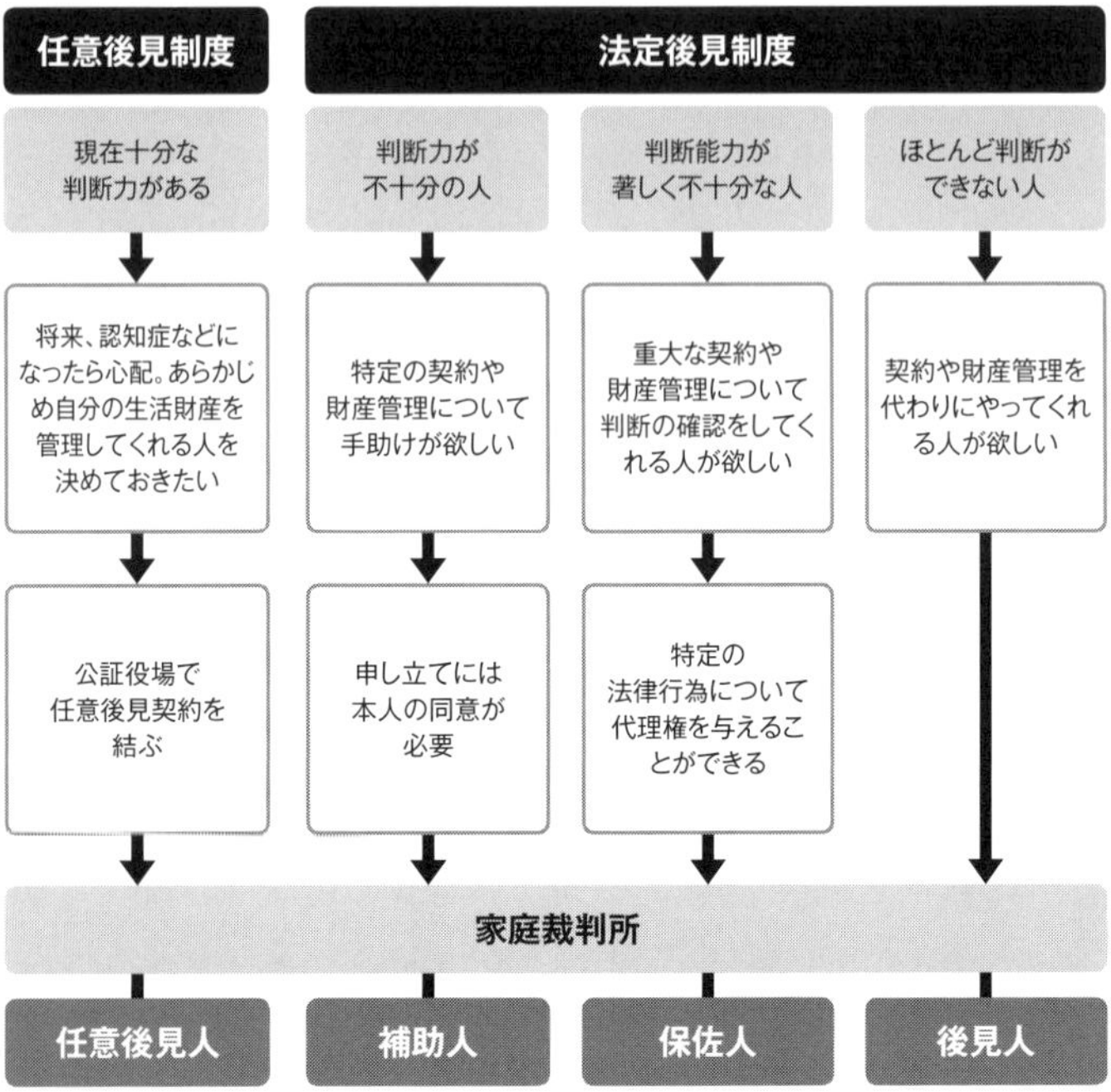

成年後見人の役割とは

成年後見人に選任された場合、後見人はどのような仕事をするのでしょうか。具体的な内容を説明しましょう。

まず、後見が開始したときに行う仕事として、被後見人の財産状況の把握があります。

例えば、本人の財産の内容のほか、年金や給料、不動産収入などの収入、生活費、入院費、施設費、税金、家賃などの支出を正確に把握します。その上で、財産目録と後見予算表を作成し、後見人に選ばれてから1カ月以内に家庭裁判所に提出します。その後、必要があれば、金融機関で被後見人名義の預貯金口座を開設します。

日常的に行う仕事としては、被後見人が治療を受けた医療費や介護施設の利用料などの支払いをします。財産の中に賃貸マンションなどの不動産があれば、その維持管理も仕事の中に含まれます。

また、特別な場合に行う仕事もあります。例えば、被後見人が施設から自宅に帰る見込みがなく、施設への入居料などを自宅の売却により支払いたいときなど、本人に代わって売却の手続きを行います。また、被相続人が親族の相続人になったときには、本人に代わって遺産分割協議に参加します。このような特別な仕事を行うときには、別途、家庭裁判所に申し出て許可をもらいます。

後見契約が終わるのは、被後見人が亡くなったときです。後見人は、財産を相続人に引き継ぎ、任務は終了します。

成年後見制度のデメリット

成年後見制度は、基本的に、判断能力の不十分な被後見人の財産をしっかり管理し、本人に代わって法律行為や手続きを行うことを目的としています。そのため、本人の財産を減らしたり、本人の利益にならない行為はできません。

例えば、遺産分割協議に本人に代わって後見人が参加した場合、被後見人に不利になるような財産分けには応じることができません。本人に判断能力があれば、特定の相続人に財産を多く分けるだろうと思われることでも、後見人にそれをすることは許されないのです。

また、不動産を売却して配偶者や子供、孫などに現金を与えたり、判断能力のあった頃に毎月、子供や孫に渡していた生活費や学費なども与えることはできなくなります。これらの行為は本人の財産が減ることになるため、家庭裁判所では認められないのです。

相続税対策にしても、それを遂行することはできません。相続税対策は本人の財産を減らすことになり、相続人を利する行為になるからです。

本人の財産から支出できるものは、本人自身の生活費のほか、本人が第三者に対して負っている債務の弁済金、成年後見人がその職務を果たすために必要な経費、本人が扶養義務を負っている配偶者や未成年者の子供の生活費などです。これら以外の使用は認められません。

このように成年後見制度の下では、被後見人の財産の積極的な運用や処分などの相続対策はまったくできなくなってしまいます。一見すると便利な制度に見えますが、あまり使い勝手がいいとはいえない側面があります。

では、成年後見制度より便利な制度はないのでしょうか。

実は、これらのデメリットを補ってくれるものがあります。それが「家族信託」です。次項で詳しく紹介しましょう。

図21　信託のイメージ

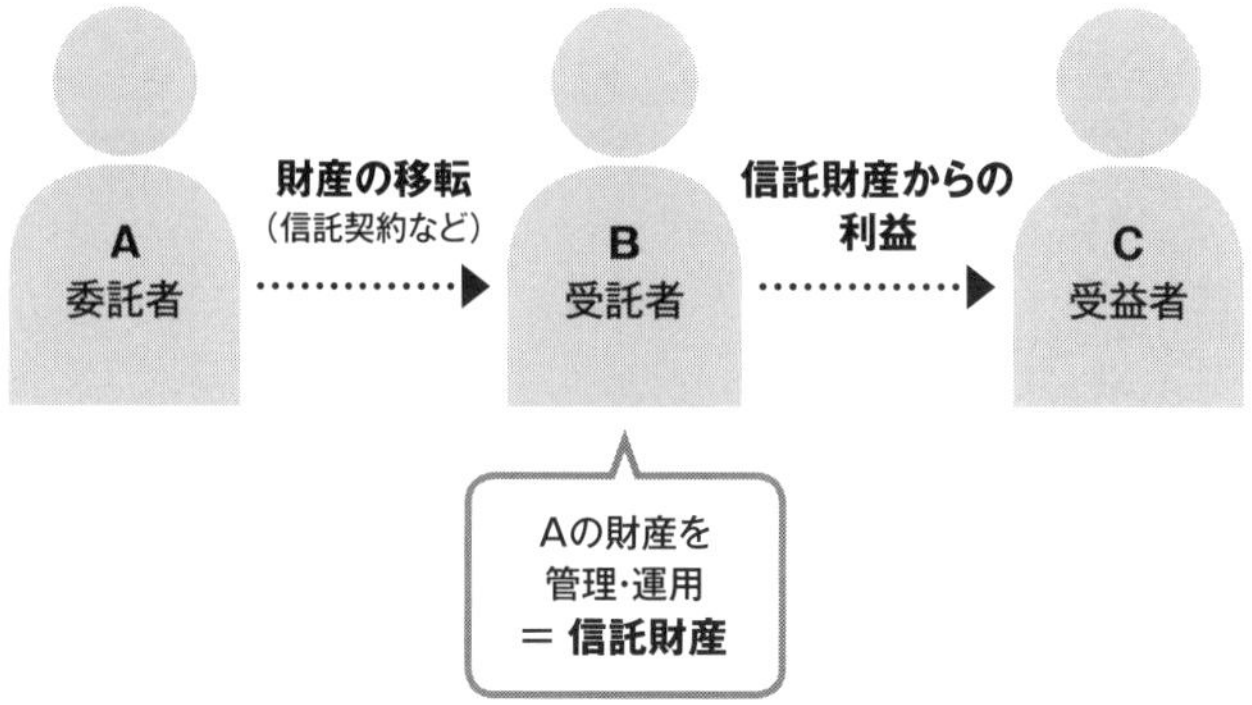

そもそも「信託」とは何か

「信託」といってもピンと来ない人も多いと思いますが、「信託」とはその名の通り、〈財産を「信」じて「託」す〉という意味になります。

もう少しわかりやすく説明しましょう。

・自分（＝委託者）の財産（現金・不動産・有価証券等）を
・信頼できる人（＝受託者）に託し
・特定の人（＝受益者）のために
・一定の目的に従って財産の管理や処分をしてもらうこと

ここに出てきた「委託者」とは〈財産を託す人〉、「受託者」とは〈財産を託された人〉、「受益者」とは〈託された財産から出た利益を受け取る人〉のことをいいます。

また、信託には大きく「商事信託」と「民事信託」があります。商事信託とは、受託者が委託された財産を営利目的で管理・運用することをいい、民事信託とは、非営利で財産を管理することをいいます。

民事信託の中には、受託者を個人にする「個人信託」、障害を持っている家族のために信託を活用する「福祉信託」、家族が受託者になる「家族信託」などがあります。

言葉で説明してもわかりにくいと思いますので、商事信託と民事信託の事例2つを挙げてみましょう。

【商事信託の場合】

投資信託を例にとってみます。投資信託とは「自分の財産を投資信託の運用会社に託すので、自分に代わって運用し、その利益を自分に分配してほしい」というものです。この中の〈自分〉が「委託者」で、〈投資信託の運用会社〉が「受託者」、〈運用で得た利益を分配された自分〉が「受益者」になります。

この場合、委託者と受益者が同じ人になります。

【民事信託の場合】

家族信託を例にとってみましょう。80歳のAさんは小学生の孫のBちゃんに500万円をあげようと思いますが、Bちゃんはまだ小学生で多額の現金をあげるにはまだ早いし、贈与税も発生してしまいます。そこで、Bちゃんが20歳になったらあげることにし、Aさんの息子のCさん（Bちゃんの父親）にお金を託すことにしました。

この場合、お金を託したAさんは「委託者」になり、お金を託されたCさんは「受託者」、最終的にお金を受け取ることになるBちゃんは「受益者」となります。

信託のだいたいのイメージがわいたでしょうか。

前項で、成年後見制度のデメリットを補ってくれるのが家族信託だと説明しました。それについて詳しく説明します。

家族信託のメリットとは

家族信託のメリットはいくつかありますが、特筆すべきなのは、信託を活用すれば、受託者の権限で不動産を売却したり、現金を贈与するといった財産管理が可能になるということです。成年後見制度で

家族信託って何だっけ？

あなたには長生きしてほしいけど、認知症になったらどうするつもり？
最近…アレをアレして…
そうだな
ナントカ信託という便利な相続対策があるそうだぞ
ナントカ信託じゃなくて、家族信託でしょ
また〜
それそれ、考えてみるかナントカ信託
まだ言ってるホント心配

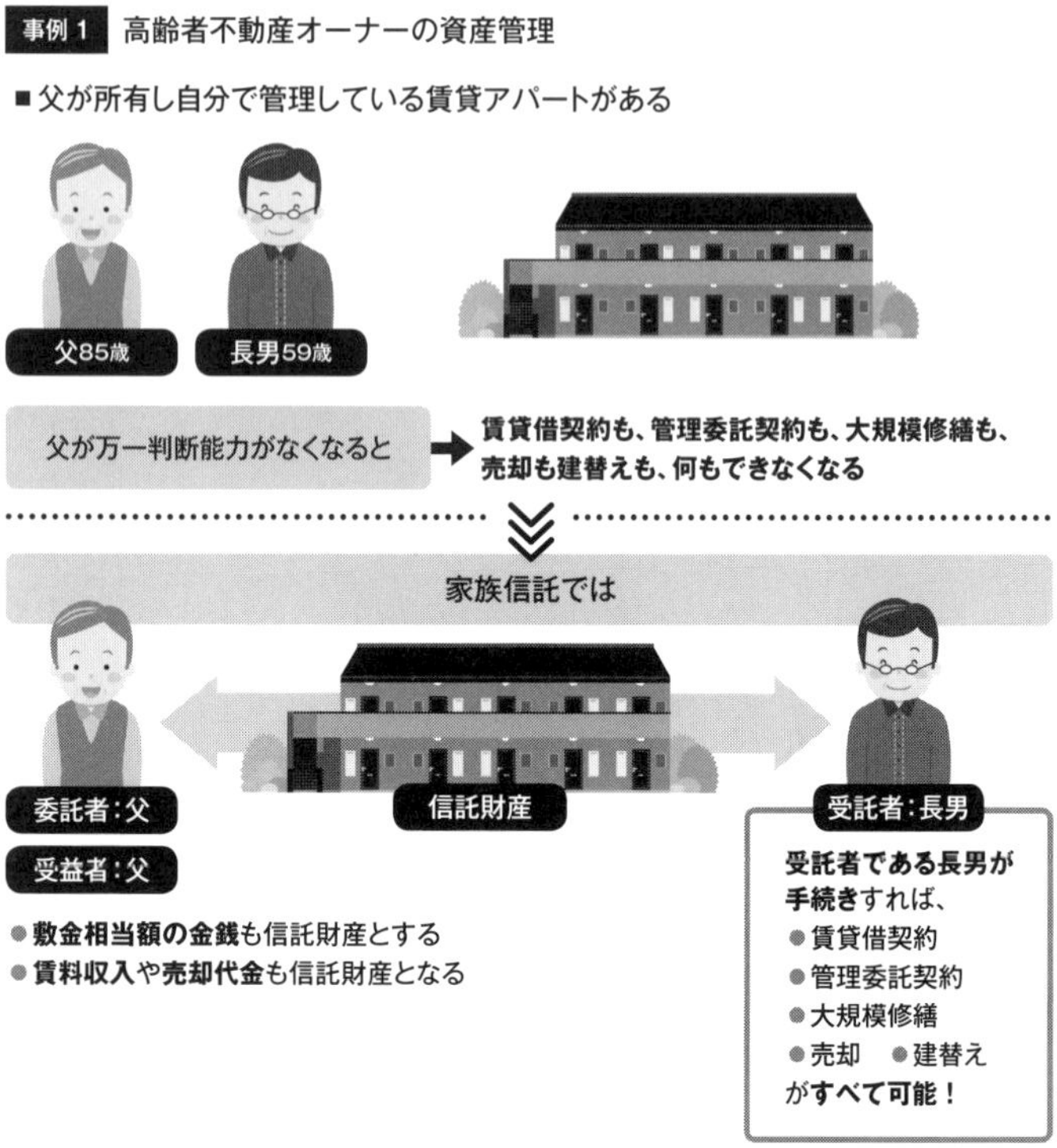

事例1 高齢者不動産オーナーの資産管理

は、被後見人の財産を管理・運用することはできませんでした。しかし、家族信託ではこれができるのです。

例えば、父親（85歳）が賃貸アパートを管理しているとします（事例1）。将来、父親が認知症になると、賃貸借契約、管理委託契約、建物の修繕、売却などの不動産管理が一切できなくなってしまいます。

そこで、父親を委託者、長男（59歳）を受託者、父親を受益者とする信託をします。信託財産には賃貸アパートのほか、敷金相当額の金銭や修繕積立金、その後の賃料収入、売却代金なども含めます。すると、父親が認知症になったときには、受託者である息子が、賃貸借契約、管理委託契約、建物の修繕、売却などのすべての手続きが可能になります。

また、家族信託では、例えば受益者に相続が発生した場合に信託を終了させて残余財産を特定の者に帰属させる旨を予め指定しておくことで遺言と同じ機能を持たせることができ（遺言代用信託）、さらには、遺言では指定できない二次相続以降の財産承継者の指定もできるのです。

例えば、賃貸マンションを持っている父親（80歳）が子供のいない長男（60歳）夫婦と同居しているとします（事例2）。父親は自分の死後、長男が賃貸マンションを相続するのはいいとしても、長男夫婦の死後、嫁の一族に財産が相続されるのをよしとしません。嫁が亡くなった後は、次男の子供（父親にとっては孫〈27歳〉）に賃貸マンションを相続させたいと思っています。

この場合、遺言では二次相続以降を指定できないため、家族信託を結ぶことにしました。具体的には、父親が委託者、受託者を孫、第1受益者を父親、第2受益者を長男、第3受益者を長男の嫁にし、長男の嫁が死亡後は信託を終了して残った財産を孫に引き継ぐという信託を結ぶのです。そうすると、最終的には孫が財産を相続することができます。

このように、家族信託は成年後見制度に比べて自由度が高く、相続に関してもスムーズに移行できることがおわかりになったと思います。

事例2 家督相続と孫への資産承継

■相談者：80歳男性（子供2人）
- 長男家族には子供がいない
  現在長男家族と同居中（家督相続重視）
- 最終的には家の財産（不動産）は
  次男の子供（孫）へ引き継がせたい

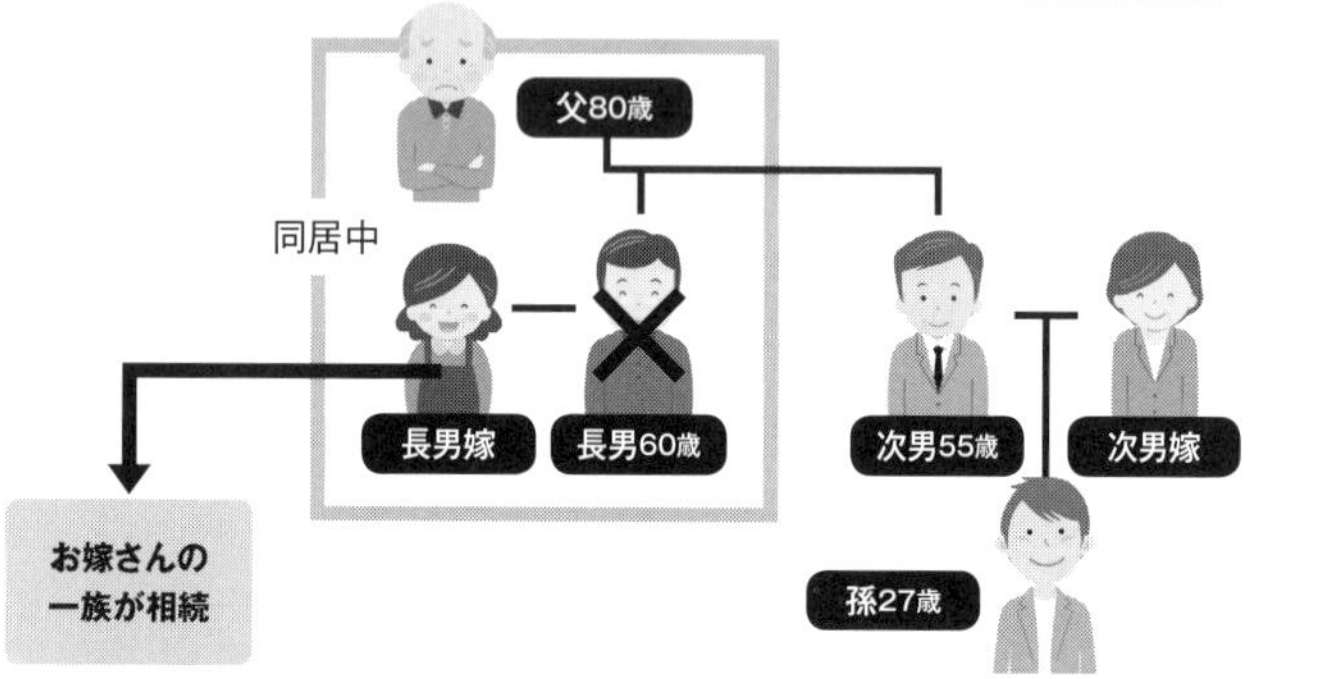

お嫁さんの遺言がなければ大半の財産がお嫁さんの一家に引き継がれてしまう！

家族信託では

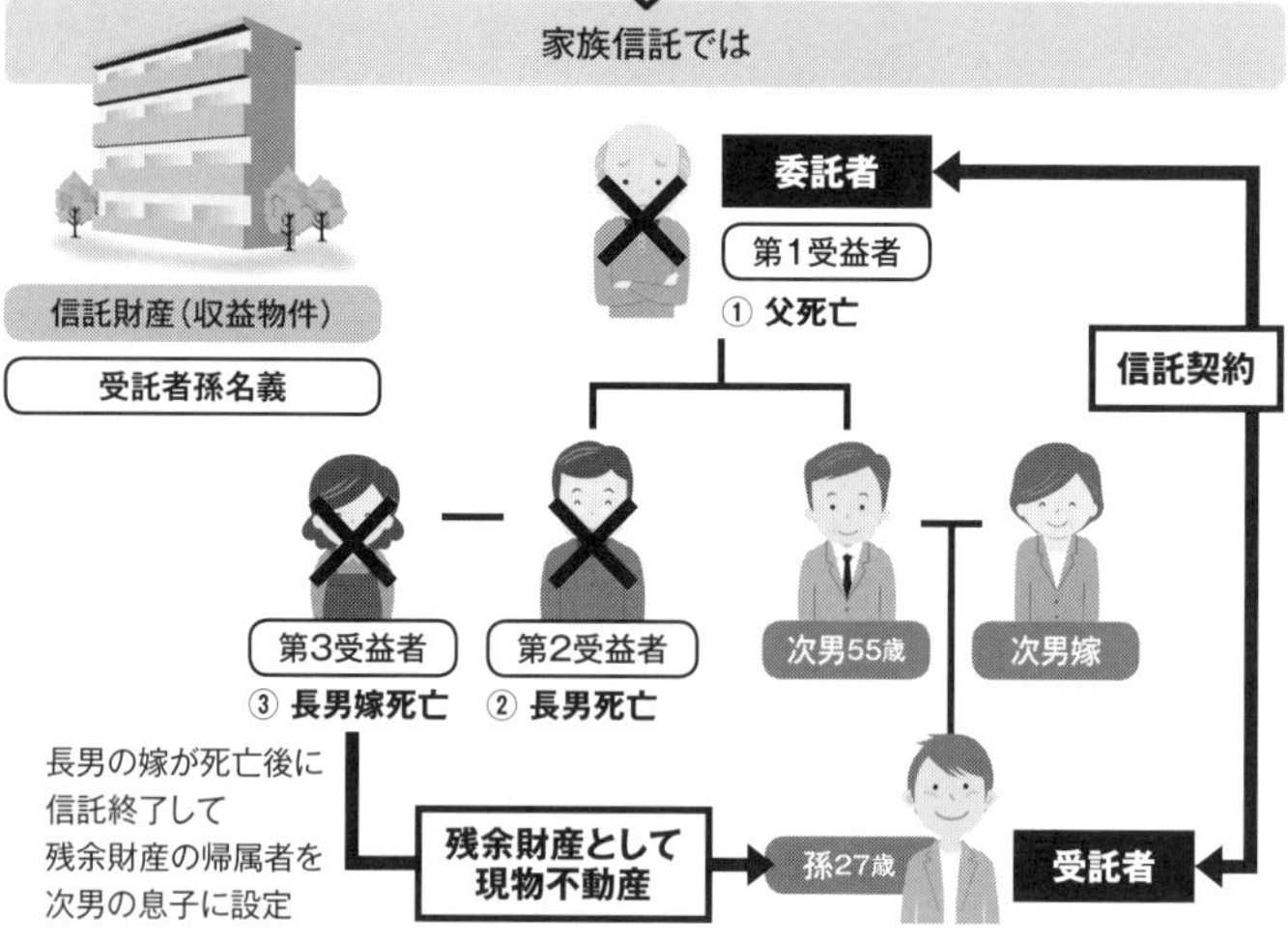

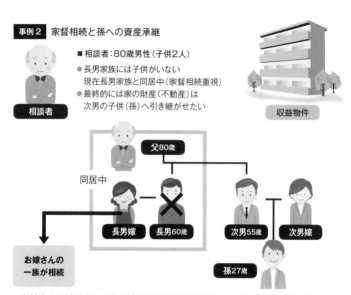

家族信託はどのように始めるのか

「家族信託」では、委託者と受託者が「信託契約」を結ぶことが一般的です。ここで重要なのは、信託契約の内容です。例えば、①信託の目的、②信託する財産、③信託財産の管理・運営方法、④信託の当事者は誰にするか（委託者・受託者・受益者）、⑤信託はどの時点で終わるのか、⑥信託監督人（受託者が信託内容に基づいて事務を行っているかを管理監督する人）や受益者代理人（受益者が認知症で判断能力を失ったとき、代わって受益権を行使する人）を置くのか、⑦信託の変更に関する決まり事、⑧信託が終了したときに誰が財産を引き継ぐのか、といった項目を信託契約で決める必要があります。

契約内容によっては、税金がかかってくるなど、想定外なことが起こる場合もありますので、専門家への相談が必須です。

信託契約書は、公証役場に出向いて公正証書で作成するか、あるいは「確定日付」を活用して契約書を作成することもできます。確定日付とは、後から文書の成立日付を変更できないように、公証役場に信託契約書を提出し、公証人が日付のスタンプを押すというものです。これにより、いつ信託が始まったのかが明確になります。

信託は、契約を結んだ日からスタートしますが、条件をつけることでスタート時期をずらすように設定することもできます。

例えば、「委託者が認知症になり、後見人がついたときから信託をスタートさせる」という条項を信託契約書の中に盛り込むことも可能です。そうすれば、認知症になるまでは委託者本人が財産などの管理をすることができます。

信託がスタートすると、財産の名義は委託者から受託者に移りますが、贈与税が課せられる心配はありません。受託者は財産を取得したのではなく、財産を管理・処分するだけなので、贈与税がかかることはないのです。

「委託者＝受益者」となる信託の形態を「自益信託」といい、利益を受けるのは元々財産を持っていた委託者になるため、受益者にも贈与税が課せられることはありません。

一方、「委託者≠受益者」の場合は、委託者が信託を開始することで、利益を受ける人が委託者から受益者へ変わるため、受益者には贈与税が課税されます。これを「他益信託」といいます。

家族信託を組みやすいケースとは

相続対策として家族信託を考える際に、どんな背景を持つ人が向いているのか気になるところです。ここでは、家族信託に取り組みやすいケースを挙げてみます。

・財産の所有者（親など）が高齢で、健康や意志決定に不安がある
・子供（家族）がすでに親の代理として財産管理を行っている、または行う予定
・年少者の財産を、親などが代わりに管理したい

・継続的に相続対策などを実行する必要がある
・家族の中に障害などにより自分で財産管理をすることがむずかしい者がいる
・遺言書が書き換えできないように確定させておきたい
・二次相続以降の財産承継者を事前に決めておきたい
・円滑な事業の承継が必要である
また、どんな財産を持っている人が家族信託に向いているか、挙げておきます。
・将来、誰も住む予定のない自宅を持っている
・賃貸不動産（アパート、ビル、駐車場など）を持っている
・将来的に有効活用する可能性のある不動産（遊休地、駐車場など）を持っている
・自社株を持っている

以上のようなケースは、家族信託が向いているといえます。自分の家族構成や財産の内容などを考え、家族信託が利用できるか考えてみましょう。

「負担付遺贈」で認知症の妻の療養介護を依頼する

相続が発生したとき、すでに妻が認知症だった場合、妻に法定後見人をつけないと遺産分割協議がで

きず、すぐに財産分けをすることができません。法定後見人をつけるにしても、家庭裁判所に申し立てしなくてはならず、相続税の申告に間に合わないこともあります。

また、後見人は本人に不利になるような遺産分割には応じることができず、他の相続人が望むような遺産分割はできなくなります。

そういう場合に利用できるのが「負担付遺贈」というやり方です。これは、遺言で子供に財産の大半を遺贈する代わりに、妻の療養介護を依頼するというものです。

この方法であれば、法定後見人のように費用もかからず、子供に母親の世話を頼むことができます。

また、子供が負担付遺贈を受けたにもかかわらず、それを実行しない（母親の療養介護をしない）場合には、他の相続人により、その子供にきちんと負担を履行するよう請求することができます。あるいは、家庭裁判所に申し立て、遺贈の取り消しを請求することも可能です。

負担付遺贈の相手は、子供に限るというわけではありません。他の親族でもいいし、まったくの第三者でもかまいません。妻の療養介護をきちんと実行できる人に依頼すればいいのです。

この負担付遺贈は、相続人に知的障害者や精神障害者などの判断能力が不十分な人がいる場合にも利用できます。

しかし、負担付遺贈の場合には、受遺者が履行すべき義務を果たさない危険性があり、また、受遺者は承継した遺産を自由に使うことができるため、これを散逸させてしまったり、あるいはその後の経済状況の悪化などにより受遺者自身が破産してしまったりした場合には、履行すべき義務を果たせなくなってしまう危険性も否定できません。さらに、遺贈は自由に放棄することができる上、適切に義務の負担がなされているかどうかを監督する法的機関も存しないため、受遺者の良心に委ねざるをえない部分が少なくはなく、遺言者本人の抱く将来不安を完全には払拭しきれないのが実情です。

そこで、負担付遺贈に代わり、親亡き後、配偶者亡き後の生活保障を確保できる制度としても、家族信託が注目を集めています。

家族信託で認知症の妻を扶養してもらう

妻が認知症だった場合、負担付遺贈ではなく、家族信託で妻の扶養を依頼することもできます。

例えば、父親Aさん（77歳）と認知症の妻Bさん（75歳）、同居する長女Cさんがいるとします。これまではAさんが認知症の妻の面倒を見ていましたが、年齢的にそれがむずかしくなってきたため、自分はそろそろ介護施設に入り、認知症の妻の生活を長女のCさんに託したいと思っています。また、賃貸マンションの管理や自宅の土地の処分も長女に任せたいと思っています。長女もまた母親を療養介護することに同意しています。

その場合、委託者をAさん、受託者を長女のCさん、第1受益者をAさん、第2受益者をBさんとする信託契約をします。信託財産は金銭および不動産です。

信託契約の内容としては、Aさんが亡くなったら、賃貸マンションの家賃収入を受益者であるBさんの生活費に充てるように設定し、自宅不動産はCさんの判断で売却できるようにしておきます。そうすれば、Aさんが認知症になって判断能力が衰えても、長女のCさんが不動産を売却することができます。

家族信託の課題と問題点

いままで述べてきた通り、自由度が高く、使い勝手のいい家族信託ですが、以下のように、いくつか課題と問題点があります。

■信頼できる受託者がいるか

身近に信頼できる受託者がいるかどうかが鍵となります。また、受託者が将来暴走しないとも限りません。その場合の予防策をどう講じておくのかも重要です。

■家族間のトラブル回避が必要不可欠

信託契約は、委託者と受託者の合意のみで信託を設定することが可能ですが、他の家族に内緒で実行すると、将来トラブルの原因になりかねません。信託契約する際には、家族全員の合意により進めていくことが理想的です。また、信託内容によっては、信託する財産が遺留分を侵害することもあり、注意が必要です。

■専門家が少ない

家族信託を扱うコンサルタントや司法書士、税理士などの専門家が少なく、相談先が多くないという事情があります。

■金融機関の協力が不可欠

信託財産（の一部）が現金の場合、受託者が管理する「信託口」口座の開設が必要になりますが、現状では金融機関の多くが信託に詳しくなく、口座の開設に消極的なところもまだまだ多いといえます。また、信託契約の中で「不動産の建て替え行為」や「そのための借り入れ行為」が受託者に認められている場合、法的には受託者が金融機関から融資を受けることが可能ですが、いまのところ多くの金融機関が積極的には対応していないというのが実状です。

■法務や税務が不明確

家族信託の活用はまだ始まったばかりであるため、判例等も少なく、法務・税務ともに不明確な点が多いことが懸案事項となっています。

以上が家族信託の課題と問題点です。家族信託は、平成19年にスタートしたばかりの制度で、まだ認知度も低く、決して普及が進んでいるとはいえない状況にあります。しかし、今後は認知症対策などでの活用が確実に増えていくと思われます。節税という点ではあまりメリットがありませんが、相続・認知症対策としては非常に利用価値がある制度といえるでしょう。

報告

新里紗弥子

沖縄不動産相続サポートセンター ㈲拓実住宅　代表コンサルタント

事例4

遺産分割協議の放置にピリオド。救世主は成年後見人と不動産会社!?

ある日のこと、当社へ成年後見人Y氏（司法書士）より相談の電話が入りました。それはX家の相続問題のことでした。

父親のX氏は平成15年に亡くなっていますが、子供A、B、C、D、Eの5人の中に精神障害を患う相続人がいるため、遺産分割や自宅の土地・建物の売却もできず、14年間放置されていました。自宅にはCが住んでいますが、建物の老朽化が進み、継続して住むのが困難な状況でした。さらに、X氏所有の土地建物は区画整理地内にあり、清算金の徴収債務がありました。民法で、債務は法定相続人が法定相続分どおりに相続することになっているため、子供5人全員が法定相続分に応じた額の債務を承継しています。

相続人の中には債務を支払うことが困難な者もおり、また、取り壊して新築する予定もないため、売却を提案しました。

しかし、売買にあたっては、次の4つの問題がありました。①成年被後見人がいる場合、居住用不動産を売却する際には裁判所の許可が必要で、売却できるかどうかは裁判所次第

COLUMN

であること。②X家は遺産分割協議が終わっていないため、相続人全員の共有財産となり、全員の合意が必要となること。③共有名義のまま売却すると、譲渡所得税が発生すること。④債務の精算のため売買契約・残金決済を一斉に行う必要があることです。

そのため、一般の人へ売却すると取引の安全確保ができないなどの負担が大きくなるため、当社で買取りすることが最善策であると判断しました。

実際には、①については売却の段取りがついた後、成年後見人と裁判所が打ち合わせを行い、売却許可を申請。許可が下りるまで1カ月半かかりました。②③については、相続人全員の合意のもと、居住しているCの名義にし、売却代金を分配するという内容で遺産分割協議をまとめ、売却することに決定。そのメリットとして、売買代金が3000万円以下になるので、Cの居住用財産の3000万円特別控除が適用され、節税ができました。遺産分割に関しては、換価分割にし、Cが自宅土地建物を売却、その代金を相続人全員で分配しました。

最後の問題についても当社で一括売買代金を支払い、同日に債務を債権者に精算し、無事に終了しました。

今回のケースのように、相続人に精神障害や知的障害、認知症の方などがいる場合は、その方の将来のこと、財産の引き継ぎについて準備・対策が必要不可欠です。

不動産会社は成年後見人や司法書士、税理士などの専門家と協力して、生前対策や相続発生後の問題の要である不動産についてお手伝いできます。お気軽にご相談ください。

報告

鎌田孝太郎

郡山相続サポートセンター郡中　代表コンサルタント

事例5

後回しにしがちな二次相続こそ、事前の対策が必要です

「オヤジの相続のときはもめることもなかったし、相続税も納めなくてよかった。だから節税対策なんて考えもしなかった」

これは弊社の相続セミナーに参加されたO様の言葉です。

O様の最初のご依頼は、お母様の公正証書遺言の作成支援でした。その際、お母様の財産評価をさせていただいたのですが、相続税がかかることが判明。その後、ご自身の相続のことも心配されていましたので、「現状での財産の棚卸しをされてはいかがですか？」とご提案させていただいたところ、「どうせやるなら二次相続まで考えておきたい」とのことでした。

O様は、お母様の遺言書作成で相続対策が我が事だと気づかれ、二次相続では相続税がかかるかもしれないと不安を抱いているご様子でした。そこで、弊社の提携税理士と相続税のシミュレーションを行いました。

一般的に一度目の相続が発生すると、配偶者の税の軽減もあり、相続税について心配することが少なく、二次相続のことは後回しに

COLUMN

しがちです。しかし、相続は基本的に2回セットで発生しますので、そのことを念頭に置いた生前対策が重要です。

O様の場合も、最初の相続発生時に配偶者に多くの財産を相続させた場合、大幅に節税できる状況ではありましたが、二次相続の際にお子様たちの税負担が大きくなることがわかりました。しかし、お子様に事前に財産をある程度分けることで最大限の節税ができることもわかり、これから不動産活用や生前贈与などの対策を行う予定になっています。

相続対策は、時間があればあるだけ、できることの幅が広がります。「まだ早い」「うちは大丈夫」と根拠もなく考えてはいないでしょうか？　相続対策は自分のためではなく、遺されたご家族のためにやるものです。

「ありがとう」と言ってもらえる幸せな相続になるよう、「今からできることは何なのか」を把握することから始めてみてはいかがでしょう。

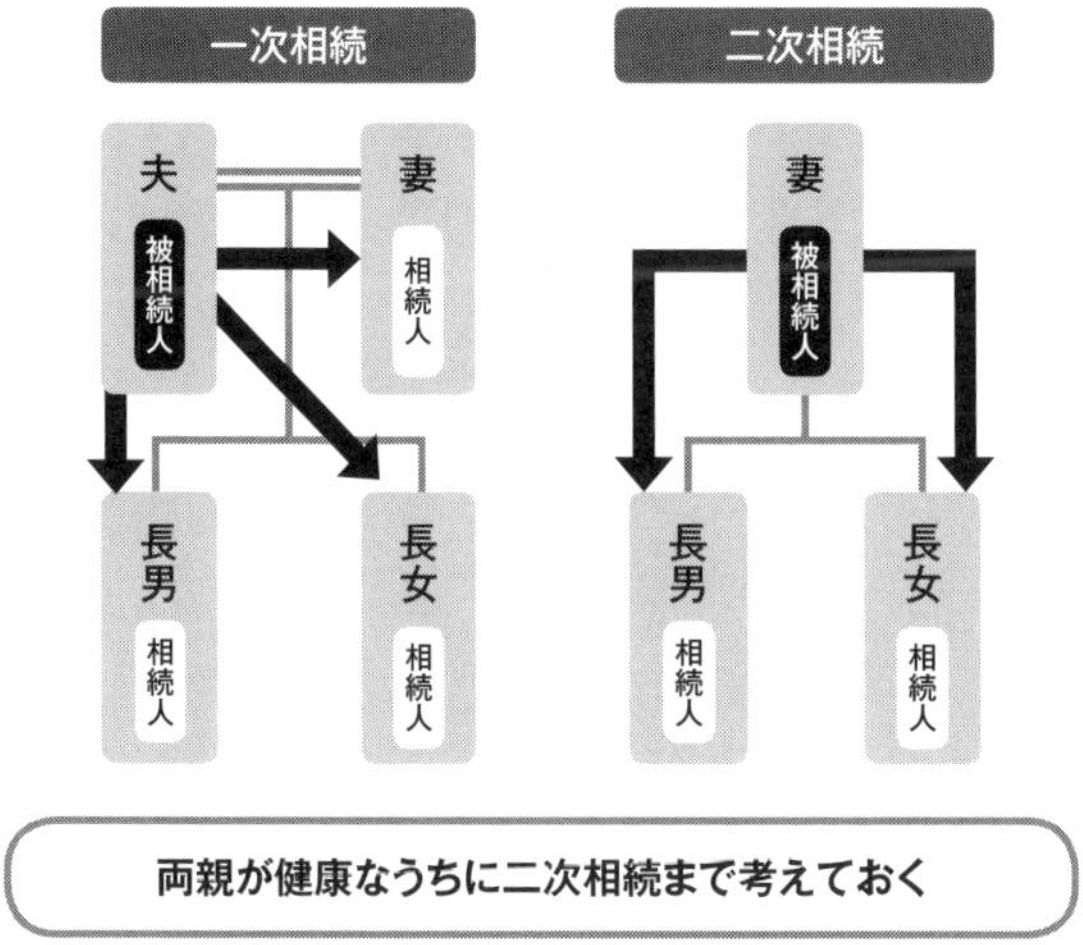

第4章

争続にならないための遺言書の作り方

遺言書の認識を改めましょう

遺言があれば、争続にはならない

第1章でも書いたように、被相続人が亡くなると、残された家族で遺産分割協議をしなければなりません。

相続人が1人だけなら何の問題もありませんが、2人以上いる場合、すんなりと財産分けできるケースばかりではありません。

実際、遺産分割事件（家事調停・審判）の新受件数を年代順に見てみると、昭和30年では2661件だったものが、平成11年には1万645件と1万件を超え、近年は1万5000件前後の件数で推移しています（司法統計年報より）。

また、家庭裁判所が調停・審判した遺産分割事件の遺産額を見ると、5000万円以下が70％以上を占め、そのうちの約半数は1000万円以下となっています。

つまり、相続税のかかるような億単位の資産家の相続争いより、相続税がほぼかからない普通の家庭の相続争いの方が多いのです。この事実を見れば、「うちは財産がないから相続争いなんて起こらない」というのは、ただの幻想でしかないとわかります。

財産が少ないからこそ、もめるともいえるのです。いまや右肩上がりの経済成長は見込めず、給料アップも期待できない中、子供の教育費や住宅ローンなど、経済的な負担は大きくなる一方です。さらに自分たちの老後についての不安も頭をもたげます。

そういう状況ですから、親の財産を相続することは、自分たちの資産を形成する大きなチャンスともいえるのです。さらに、相続人本人だけでなく、その配偶者や子供という応援団までついてきて、相続争いはヒートアップしてしまいます。相続人同士の話し合いでは決着がつかず、家庭裁判所での調停や審判にまでもつれ込んだりするのです。

では、相続が「争続」にならないためには、どうしたらいいのでしょうか。

その答えの1つが、この章のテーマでもある「遺言」です。遺言があれば、遺産分割協議をするまでもなく、遺言の指示通りに財産を分ければいいのです。法的に有効な遺言であれば、親の介護をしてくれた嫁や孫など、相続人以外の人にも財産を与えることができます。

ともすると、「遺言が必要なほどの財産はない」と考えがちですが、いままで述べたように遺産分割は家族がもめる原因ともなるのです。自分が亡くなった後、家族が仲よく暮らせるようにするためにも遺言を残すようにしましょう。

遺言には大きく2つの種類がある

遺言にはいくつか種類がありますが、一般的なものとして「自筆証書遺言」と「公正証書遺言」があります。この2つの遺言について詳しく説明します。

【自筆証書遺言】

自筆証書遺言とは、その名の通り、自筆で書いた遺言のことです。

しかし、法的に有効な遺言とするためには、次のような要件を満たしておく必要があります。不備や見落としがあると、遺言としての効力がなくなってしまいますから、注意してください。

・全文を自筆で書く

遺言者が全文を手書きしたものでなければ、遺言として認められません。自筆が要件となっているのは、筆跡によって本人が書いた遺言かどうかが判断できるからです。また、自筆であれば、本人の意志によって書かれたという保証にもなります。

代筆はもちろん、ワープロやパソコンなどで作成されたものも無効となります。過去の判例では、資料として添付した不動産目録がワープロで作成されたものだったため、遺言として認められなかったこともあります。財産目録などの添付資料も自筆で作成するようにしましょう。

目が不自由だとか、麻痺があって手が震えるなどがある場合には、他人の添え手による補助によって自筆証書遺言にすることも可能です。ただし、添え手の何らかの意思が働いていないと判断される場合に限ります。

用紙や筆記具なども含めて、書き方に決まりはありませんが、実際に遺言を見るのは何年か先のことになりますので、便箋やレポート用紙など、しっかりした紙質のものを選びましょう。筆記具は鉛筆でもかまいませんが、文字が薄れたりすることもありますので、ボールペンや万年筆など、文字が消えないもので書くのが一般的です。

使用する文字は、ひらがな、カタカナ、漢字、ローマ字、何でもかまいせん。極端なことをいえば、

遺言書は どうつくるの？

方言や家庭内でしか通用しない言葉を使ってもいいのですが、やはり一般の人が普通に理解できる書き方が無難といえます。

自筆での作成が要件であれば、自撮りしたビデオや録音したテープでもかまわないのではないかと思われますが、これらはNGです。

なぜなら、ビデオは撮影後に編集が可能なため、本人によるものか、他人の手によるものか判別がつかないからです。また、録音したものも、記録媒体の保管状況によっては劣化して聴き取れなくなる可能性があります。そういった事情を考えると、やはり自筆で作成する方が確実といえるのです。

・作成した日付を記載する

自筆証書遺言に記載する日付は、作成した日を正確に書かなければなりません。日付の特定が要件となっているのには、2つの理由があります。

1つめは、その遺言が作成された日に遺言者の意思や判断能力がきちんと備わっていたかどうかを確かめるためです。もし、その日付が書かれたとき、すでに重度の認知症だったということになれば、遺言は無効となります。2つめは、死後に複数の遺言書が発見されたときに、どの遺言が新しいのかを確かめる必要があるからです。遺言の日付の新しいものが正式な遺言として認められます。

正式に認められる日付の書き方は、以下の通りです。

・平成○○年○○月○○日

・平成○○年の誕生日

・満70歳の誕生日

それに対して、以下のような日付のはっきりしないものは無効となります。

・平成○○年○○月吉日

なお、日付は西暦でも和暦でもどちらでもかまいません。

・署名する

署名は通称でも法的にはかまいませんが、戸籍上の正式な姓名の方が無難です。

・押印する

印鑑は実印でなくてもかまいません。通常の認印や三文判でもかまわないのですが、シャチハタなどのスタンプ式の印鑑は無効になりますので、注意してください。

・加除・訂正・変更の方法

自筆証書遺言の内容を後日、書き直したり、削除したり、付け加えたりする場合には、変更箇所を示し、これを変更した旨を付記してこれに署名し、かつ、その変更箇所に押印する必要があります。これ以外の方法で加除・訂正・変更されたものは、その部分の加除・訂正・変更が無効とされることもあります。場合によっては、遺言そのものが無効となることもありますので、注意してください。

・保管方法

自筆証書遺言は封筒に入れなければならないという決まりはありませんが、相続発生までの期間、保管することを考えると封筒に入れた方が無難です。また、封印をしてもしなくてもどちらでもかまいま

図22 遺言書の加除・訂正・変更の記入例

遺言書

遺言者山田太郎は、次の通り遺言する。

一、私の全財産を、~~長男山田一郎~~に相続させる。
次男山田次郎

二、本遺言の執行者として次の者を指定する。
住所
○○県○○市○○区○○町○丁目○番○号
弁護士　○○○○

平成○○年○○月○○日

○○県○○市○○区○○町○丁目○番○号
遺言者
山田太郎

三行目六文字削除し、六文字加入
山田太郎

図23　自筆証書遺言を封入する封筒の記載例

せんが、相続人による偽造・変造の可能性がないとも限らないので、封印した方がいいでしょう。

・封筒の表に記しておくべきこと

遺言であることがわかるように、封筒の表面に「遺言書」と書いておくと同時に、「遺言書の開封は家庭裁判所に提出して行うこと」と書き添えておきましょう。

遺言書のありかを相続人に伝えている場合は、とくに問題はありませんが、誰にも知らせずに亡くなった場合は、相続人が家中を探すことになります。そのため、遺言書であるとわかるようにしておかないと、見過ごされてしまう可能性があるのです。

・遺言書を開封するときの注意（検認）

相続が発生し、自筆証書遺言が見つかったときには、未開封のまま家庭裁判所に持ち込み、「検認」の申し立てをしなければなりません。申し立て後には家庭裁判所から相続人全員に検認の期日が郵送で通知され、検認当日に相続人が集まる中で、家庭裁判所の職員の立会いのもと遺言書が開封されます（代理人を出席させたり、欠席してもかまいません）。検認手続は、遺言書の執行前に遺言書の形式その他の状態（日付、筆跡、署名、内容など）を確認することによってその後の偽造変造を予防するものであり、遺言書が有効か無効かを決める手続きではありません。確認後、検認調書が作成され相続手続きをする場合は別途検認証明書の発行の申請をします。発行してもらった検認証明書と遺言書を使って、不動産の相続登記手続きや銀行の名義変更手続きをしていきます。

検認が終わっていない自筆証書遺言は、たとえ遺言に「預貯金は長男に相続させる」と書いてあっても、銀行で受け付けてくれず、お金の払い出しや口座の解約ができません。さまざまな手続きには遺言書が必要となりますので、必ず検認を受けるようにしましょう。

封印された遺言書を相続人などが勝手に開封した場合、5万円以下の過料（罰金）が課せられますので、十分に注意してください。

【公正証書遺言】

公正証書遺言とは、全国各地にある公証役場の公証人に遺言書を作成してもらうものです。公証人とは、法務大臣が任命し、公正証書の作成や定款・私署証書の認証などを行う人のことをいいます。

公正証書遺言は、自筆証書遺言と違って、公証役場の公証人によって作成されますから、書き方に間違いがなく、法的な信頼性が高くなります。公正証書遺言を作成すると、遺言の正本1通が遺言者に渡され、請求すれば必要な部数の謄本を受け取ることができます。

また、公正証書遺言の原本は公証役場で保管されるため、偽造・変造・紛失・隠匿・破損などの心配がありません。

昭和64年1月1日以後に作成された公正証書遺言は、日本公証人連合会が運営する検索システムに登録されて一元管理されているため、相続人だとわかる証明書（故人の除籍謄本など）を公証役場に持参すれば、公正証書遺言を残しているかどうかがすぐにわかります。遺言書を作成した公証役場がわかれば、そこに行き、謄本や正本の再交付を受けることもできます。

また、公正証書遺言は、相続発生後に家庭裁判所での検認の手続きが必要なく、相続手続きにすぐに着手できます。

現状では、公正証書遺言より自筆証書遺言を選ぶ人の方が多い傾向にありますが、遺言書の確実性、保管の安全性、相続発生後の手続きの簡便性のどれをとっても公正証書遺言の方が勝っています。これから遺言を作成しようと考えている方には、ぜひとも公正証書遺言を残されるようお勧めします。

では、実際の公正証書遺言の作成は、どのような手順で行われるのでしょうか。詳しく説明したいと思います。

・遺言者が口述し、証人2人以上の立ち会いの下、公証人が筆記する

公証役場に行き、証人2人以上の立ち会いの下、遺言者が遺言の内容を口頭で述べ、それを公証人が筆記します。遺言者に言語機能の障害がある場合は、通訳または筆談によって公証人に内容を伝えます。

証人になるのは、特に何かの資格が必要なわけではありません。基本的には誰でもなれます。ただし、次の人たちはなれません。

①未成年者
②推定相続人・受遺者とこれらの配偶者・直系血族
③公証人の配偶者・4親等内の親族・書記・雇人

以上の者が証人となって作成された遺言書は、法的に無効です。

また、証人には遺言の内容を知られることになりますから、できるだけ信頼の置ける人に依頼するようにしましょう。適当な人が見当たらないときには、司法書士や弁護士などの専門家に有料で依頼するか、あるいは公証役場でも有料で証人となる人を紹介してくれます。

・公証人が読み聞かせ、遺言者が閲覧する

公証人が筆記した内容を遺言者および証人に読み聞かせ、閲覧させます。

・遺言者および証人が署名押印する

遺言者および証人が、筆記した内容が正確であることを確認した後、各自これに署名押印します。遺言者の押印は、必ず実印で行います。遺言者が署名できない場合は、公証人がその事由を付記して署名の代わりとします。

・公証人が署名押印する

公証人が、正しい方式に従って作成された遺言である旨を付記し、これに署名押印します。

〈**公正証書遺言の作成費用**〉

公正証書遺言を作成するには、次の3つを合算した費用がかかります。

(ア) 証書作成手数料

図24 公正証書遺言の作成費用

項目	目的物の価額	料金
証書作成手数料	100万円まで	5,000円
	200万円まで	7,000円
	500万円まで	11,000円
	1,000万円まで	17,000円
	3,000万円まで	23,000円
	5,000万円まで	29,000円
	1億円まで	43,000円
	3億円まで	5,000万円ごとに 13,000円を加算
	10億円まで	5,000万円ごとに 11,000円を加算
	10億円強	5,000万円ごとに 8,000円を加算
遺言加算手数料	目的の価額が 1億円以下のとき	11,000円を加算

※出張の場合は、日当（通常2万円）と交通費がプラス。また、証書作成手数料は5割増
※不動産の時価評価額については、通常、土地は固定資産評価額の1.4倍、建物は1.0倍
※祭祀継承者の指定、認知などは各々別個の項目とし、500万円と評価

相続財産の額によって変わりますが、額が大きくなればなるほど高くなります。手数料は相続・遺贈する相手ごとに算出して合算します。

(イ) 遺言加算手数料

財産総額が1億円以下の場合のみ、1万1000円を加算します。1億円を超える場合は、加算されません。

(ウ) 用紙代

原本・正本・謄本のそれぞれについて、用紙の枚数（原本の場合は4枚を超える場合のみカウントする）1枚当たり250円です。

計算例として、総額1億円の財産を

妻に6000万円、長男に4000万円を相続させる場合を、図24を参照しながら考えてみましょう。

妻の手数料4万3000円＋長男の手数料2万9000円＝7万2000円、これに遺言加算手数料1万1000円を加算すると、8万3000円が手数料となります。実際にはこれに用紙代が加算されます。

・実際の手続きについて

公正証書遺言の作成の手順を書きましたが、初めて公証役場を訪れた日に、すべての手続きを一気にやってしまうようなことはほぼありません。

一般的には、公証人が遺言者、または遺言者の依頼を受けた者から、遺言の概要を書面や口頭で確認します。その後、財産関係の資料と照らし合わせながら、遺言書の草案を作成します。そして、後日、予約した日時に遺言者が公証役場を訪れた際に、できあがった草案を基に証人2人の立ち会いの下、手続きを完了させるのです。

遺言書を作成するための準備

遺言書を作成するに当たって必要なことは「誰に何を相続させるか」という遺言の内容を考えることです。それは、第2章で記述した「所有財産を洗い出す」「財産の評価の概算を算出する」「遺産分割について考える」「相続税の概算を算出する」の4つのステップをきちんと踏んでいれば、自ずと答えは出てくると思います。

実際に遺言書を作成するときには「特別受益」「寄与分」「遺留分」の3つを考慮する必要があります。それぞれについては、すでに第2章で説明していますが、ここでは遺言書の作成に絡めて注意点を書いておきます。

(1) 特別受益

相続人の中に、事業資金や住宅ローンの頭金など、他の相続人に比べて特別な利益を与えられた人がいる場合、それを考慮した遺言書を作成する必要があります。

遺産分割に関しては、「何年前の贈与であっても相続財産に持ち戻していい」ことになっていますので、それを加味した内容を考え、相続人間で不公平が生じないようにします。

あるいは、遺言者が「持ち戻し免除の意思表示」をすることもできます。これは、他の相続人の遺留分を侵害しない範囲であれば、特別受益を相続財産に持ち戻さなくてもよいというものです。そのためには、遺言書に、「○○への贈与は持ち戻しを免除する」という文面を明記しておきます。

(2) 寄与分

相続人の中に、被相続人の事業を支えたり、病気のときに親身に看護してくれたりして被相続人に特別に寄与した人がいる場合には、財産の一部を本来の相続分に上乗せすることができます。他の相続人に納得してもらうためにも、遺言には、誰にどのような理由で、どれくらいの財産を上乗せしたいのかを明記しておきます。

（3）遺留分

配偶者、直系卑属（子供・孫）、直系尊属（親・祖父母）には、遺言や生前贈与によっても侵害できない最低限、相続できる割合（遺留分※詳しくは89ページ）があります。遺言を作成するに当たっては、できるだけ各相続人の遺留分を侵害しない内容にします。

ただし、遺留分を算定する基礎となる財産を正確に把握するのは容易ではなく、たとえ把握できたとしても、借地や借家、底地など、評価がむずかしいものもあります。また、事業の後継者に財産を集中させなければ、会社が倒産してしまうなどの事情がある場合には、他の相続人の遺留分を侵害せざるを得ないこともあります。

こういう場合には、例えば、相続が発生する前に、遺留分権利者に遺留分の放棄をしてもらうという方法があります。相続放棄は、遺言者が亡くなった後でなければ手続きできませんが、遺留分放棄は、生前に手続きをすることができます。遺留分放棄をしてもらえば、相続が発生した後に遺留分減殺請求をされることもありません。

生前に遺留分を放棄してもらうためには、家庭裁判所の許可が必要です。裁判所では、遺留分放棄をする正当な理由、遺留分権利者の意思による放棄か否か、放棄の代償（生前にそれ相応の贈与を行っているなど）の有無、などを考慮して許可の判断を下します。

また、相続人の廃除（※詳しくは160ページ）という手続きを行えば、その相続人の遺留分はなくなりますので、遺留分減殺請求をされる心配もなくなります（ただし、代償相続人に権利が移ります）。

遺留分対策は他にもいろいろありますが、ケースによって有効かどうかは異なります。専門家に相談するなどして計画的に取り組みましょう。

債務がある場合はどうするか

債務がある場合、基本的には法定相続分で各相続人が相続します。たとえ遺言で相続人を指定したり、遺産分割協議で法定相続分と異なる財産分けをしたりしても、債権者はそれに従う義務はありません。債権者は、法定相続分に従って各相続人に支払いを請求することができるのです。

なぜなら、もし遺言で債務の相続を指定できるとなると、特定の相続人に債務をすべて背負わせて計画的に自己破産させることも可能になるからです。そうなると、債権者は他の相続人に支払い請求ができなくなり、泣き寝入りせざるを得なくなります。それを避けるため、遺言や遺産分割協議によって債務を相続させることはできない決まりになっているのです。

債務を法定相続分と異なる割合で承継させることができるのは、プラスの財産とマイナスの財産を抱き合わせて相続させ、それを債権者に認めてもらう場合だけです。そうすれば、例えば、長男に賃貸アパートを相続させ、その建築費の債務を単独で相続させることも可能になります。

ただし、それでも債権者に納得してもらえないこともあります。そのことを了解した上で遺言書を作成するようにしてください。

遺言には法的拘束力を持つものと持たないものがある

遺言書の内容は、遺言者が自由に作成することができますが、内容によっては法的な拘束力を持つものと持たないものがあります。

法的な拘束力を持つものとして、次のような事項があります。

・財産の処分方法—誰にどの財産を与えるかを指定することができる
・相続分の指定—各相続人の相続割合を法定相続分から変更できる
・負担付遺贈—「財産を与える代わりに○○をしてほしい」と条件をつけることができる
・遺産分割の禁止—最長5年間遺産分割を禁止し、相続人間で共有させることができる
・相続人の廃除、廃除の取り消し—「○○には財産をあげたくない」と相続人から除くことができる。また、生前の廃除を取り消すことができる
・子供の認知—認知することで、その子供に相続させることができる
・遺言執行者の指定—遺言の内容を実行してくれる人を指定できる
・後見人、後見監督人の指定—未成年の子供を扶養する人などを指定できる
・相続人間の担保責任の指定—遺産価値が下落した場合に備えて、担保責任の内容を指定することができる
・遺留分の減殺方法の指定—遺留分減殺請求をされそうな場合、遺贈した中のどの財産から支払うか

の手順を定めることができる

以上が法的な拘束力を持つ主な事柄になります。

一方、次のような事柄には、法的拘束力がありません。遺言書に載せることはできても、実行されるかどうかは相続人次第となります。

・ペットの世話を頼みたい
・臓器提供の希望
・葬儀や法要に関する希望
・家族仲よく暮らしてほしい
・配偶者に再婚してほしくない

このうち、臓器移植、葬儀や法要などの希望は、遺言を見るのが後になってしまう可能性が高いため、時間的に間に合いません。生前に別な方法で伝えるようにしましょう。

ペットの世話を頼みたいときは、負担付遺贈にするか、ペット信託を活用するといいでしょう。

この場合の負担付遺贈は、事前に信頼できる人に「ペットを頼みたい」と伝えておき、財産の一部を遺贈する見返りとしてペットの世話を依頼する遺言を残すというものです。しかし、この方法は飼い主（遺言者）が亡くなったときには有効ですが、飼い主が認知症になったり、入院してしまったりした場合などには対応できません。

それに対してペット信託は、飼い主を委託者、家族などを受託者兼第1飼育者、動物愛護施設などを第2飼育者などにすることができ、飼い主の死亡以外の理由であっても条件を設定すれば、信頼できる第三者にペットの世話を依頼することが可能です。

その他の事柄については、遺言に記載するよりも、常日頃、そのような気持ちを伝えることが大切だといえるでしょう。

遺言書を作ってみましょう

遺言書の作り方のポイント

遺言書を作るときに注意したいのは、遺言の内容を実行しやすいものにするということです。例えば、「全財産を長男に相続させる」という一文だけでは、シンプルすぎて、何をどうすればいいのか、手続きに困ってしまいます。

遺言書を書くのであれば、次のようなことに留意しましょう。

(1) 預貯金・不動産は具体的に記載する

相続人が遺言に従って預貯金や不動産の名義を変更しようと思っても、その明細が記載されていないと、通帳や権利書などを探す必要が出てきます。また、金融機関や法務局も、詳細が書かれていない遺言書だけでは手続きしてくれず、相続人全員の署名・実印・印鑑証明の提出を求められてしまいます。そうならないためには、具体的な内容の記載が必要です。

例えば、預貯金の場合は「○○銀行○○支店 普通口座　口座番号○○○○」と記載します。金額については、実際の相続が発生するまでに増減する可能性がありますから、記載の必要はありません。

また、不動産の場合は、「所在、地番、地目、地積」など、登記簿謄本（登記事項証明書）の内容を正確に記載します。借地権については、賃貸借契約書などで内容を確認し、その土地の登記簿謄本を取り寄せて記載します。

（2）「付言事項」に家族への思いを託す

「付言」は必ず書かなければならないものではありませんが、家族に残す最後のメッセージとして自分の思いを残しておきましょう。

付言があるかどうかは、残された相続人にとって大きな意味があります。なぜなら、単に財産の分け方だけの記載では、なぜ、そのような分け方をしたのか、遺言者の思いが伝わらないからです。とくに、財産分けの内容が法定相続分と大きく異なる場合には、残された相続人に不平不満が出たり、相続人同士が仲違いしたりする原因になってしまうこともあります。そうならないためにも、ぜひ、付言を記載しておきましょう。

実際の書き方としては、まず、これまで自分を支えてくれたことに対する感謝の気持ちを伝えます。

その上で、なぜ、このような財産の分け方をしたのか、その背景や事情などについて書きます。長い文章でなくても、気持ちが伝わる文面であれば十分です。相続人が納得できるような書き方をしましょう。そうすれば、相続人の間にしこりを残すこともなく、遺留分減殺請求もしづらくなると思います。

(3) 遺言内容の実現をスムーズにする「遺言執行者」の指定

実際の財産分けの手続きは、思っている以上に煩雑で時間がかかります。例えば、亡くなった人の預貯金の口座を解約したり、不動産や有価証券の名義を変更したりするのも、勝手がわからず四苦八苦することがあります。

また、実家から離れて遠方に暮らしている相続人であれば、いちいち実家に帰省しなければならず、その度に会社を休むなど、労力は想像以上にかかるものです。

さらに、遺言の内容が他の相続人にとって意に沿わないものだった場合、その人の協力を得られないということもあります。そうなると、手続きに要する時間は膨大なものになってしまいます。

しかし、こうした手続きは、必ずしも相続人がしなければならないという決まりがあるわけではありません。相続人以外の第三者に遺言執行について、あらかじめ依頼しておくことも可能です。遺言の中に、遺言執行者を指定しておけばいいのです。

そうすれば、相続人は遺言の執行について妨げる行為はできなくなります。無用ないさかいを起こす心配もなくなるのです。

(4) 念のため、予備的遺言を残しておく

遺言に指定していた相続人が、遺言者本人より先に亡くなるということもあり得ます。そうなると、その相続人に関しての遺言は無効になり、相続人全員による遺産分割協議が必要になります。

相続人が亡くなったときに遺言書を作り直せば、何の問題もありませんが、作り直すことを忘れていたり、遺言者が認知症になってしまったりすると作り直すこともできなくなります。このような場合に備えて、あらかじめ代わりの相続人を指定しておくといいでしょう。

例えば、「○○を長男に相続させる。ただし、長男が亡くなっていた場合には長男の子供に相続させる」といった一文を付け加えておきます。これを「予備的遺言」といいます。

(5) 遺言書に記載していない財産の取り扱いを指定する

遺言書には財産分けについて記載しますが、遺言者が亡くなった後、遺言書に書かれていない財産が見つかることもあります。そうなると、相続人が集まって遺産分割協議をしなくてはならなくなります。せっかく遺言で財産分けを指定したのに、遺産分割協議が必要になっては意味がありません。

そういう事態を避けるための工夫として、遺言書の最後に「ここに記載した財産以外については、○○に相続させる」という文言を記載しておくといいでしょう。

遺言書例

遺言書

遺言者○○○○は、次の通り遺言する。

一、賃貸事業に関わる次の財産を遺言者の長女○○○○に相続させる。

(1) 土地　※所在、地番、地目、地積などを謄本に従って記入
(2) 建物　※所在、家屋番号、種類、床面積などを謄本に従って記入
(3) 預貯金　※銀行名・支店名、預金種類、口座番号などを記入
(4) 賃貸事業に関わる債権及び債務の全て

二、遺言者の自宅である下記の土地・建物を妻○○○○に相続させる。

(1) 土地　※所在、地番、地目、地積などを謄本に従って記入
(2) 建物　※所在、家屋番号、種類、床面積などを謄本に従って記入

三、本遺言書に記載のない財産については、
　妻○○○○と長男○○○○に均等に相続させる。

【付言】
長女○○○○は、長年私の賃貸事業を手伝い、事業の維持、拡大に多大な貢献をしてくれた。特に私が病気をしてからは、実質的な経営者であったといってもいいだろう。ついては、長女○○にそのままこの賃貸事業を相続させるのが、最良の選択だと判断した。後を頼む。

長男○○○○にはわずかな預貯金しか残してあげられないが、今更お前に未経験の賃貸事業をやらせてもかえって苦労をかけることになるし、お前達2人に分散させるのも得策ではないと考えたのでこのようにした。どうか理解してほしい。お前は自分の好きな道に進み、一定の成功を収めている。親として、こんなに誇らしいことはない。今後もお前の信じた道をしっかりと歩んでいってくれ。

最愛の妻○○には、自宅と預貯金を残した。また、生命保険もあるので、今後の生活で困ることはないはずだ。

家族3人、これからも手を取り合って仲良くしてほしい。長男○○、長女○○、母さんを頼むぞ。今までありがとう。

平成○○年○○月○○日

○○県○○市○○区○○町○丁目○番○号
遺言者　○○　○○　㊞

とくに遺言が必要な代表的なケース

自分が亡くなった後、財産を巡って争うようなことは誰も望まないと思います。どんな人にとっても遺言は必要なものといえますが、中でも、とくに遺言が必要だと思われるケースをいくつか挙げておきます。

■子供のいない夫婦

子供のいない夫婦の場合、例えば、夫のAさんが亡くなると、残された妻Bさんにすべての財産が相続されると思いがちですが、実はそうではありません。Aさんの親が生きていれば親に、親が亡くなっている場合にはAさんの兄弟姉妹、兄弟姉妹が亡くなっている場合にはその子供（Aさんにとっての甥や姪）に財産の一部が相続されます。

その割合は民法で決められています。義父母が生きている場合は、妻であるBさんが3分の2、義父母が3分の1になります。義父母が亡くなっている場合には、Bさんが4分の3、義理の兄弟姉妹が4分の1となり、義理の兄弟姉妹が亡くなっている場合は、Aさんの甥や姪に4分の1が相続されることになります。

Aさん亡き後の遺産分割協議の話し合いの中で、「財産は配偶者のBさんがすべて相続すべきだ」となれば、何の問題もありませんが、相続人の中に1人でも異を唱える人がいると、法定相続分で財産を分けざるを得なくなります。

亡くなったAさんの財産がマイホームしかなく、預貯金がほとんどないとなると、Bさんはマイホームを売ってでも現金を作らなければなりません。そうなれば、Bさんは自分の住む家もなくなってしまいます。

そうならないためには、Aさんが「妻に全財産を相続させる」という遺言を残すことが必要です。遺言さえあれば、Aさんの財産をすべて妻が相続でき、マイホームを手放すこともなくなります。

ちなみに、兄弟姉妹には遺留分がありませんから、遺留分減殺請求をされる心配はありません。

ただし、この場合、妻のBさんが亡くなった以降のことも考える必要があります。Bさんが亡くなると、Bさんの親族が財産を受け継ぐことになりますが、もしもAさんの財産の中に先祖代々伝わる家や土地があった場合、Aさん自身も、またAさんの親族も納得できないのではないでしょうか。

その場合には、Bさんが「夫が親から相続してきた家や土地は夫の兄弟姉妹に、その他の財産は自分の兄弟姉妹に」といった遺言を残しておきます。そうすれば、将来に禍根を残すことは避けられます。

■相続人以外に財産を分けたいとき

息子の嫁や孫には相続権がありませんが、「自分に尽くしてくれたから、その恩に報いたい」という場合、遺言を残せば嫁や孫に財産を与えることができます。

他の方法として生前贈与もありますが、贈与には贈与税がかかります。また、他の親族の手前もあって生前には贈与できないということもあるでしょう。そういうときこそ遺言を使って感謝の気持ちを表せばいいのです。

■相続人同士の仲が悪い場合

子供同士、あるいは子供の1人が家族と仲違いしているなど、相続人同士の仲が悪い場合、遺産分割協議がまとまらないことは火を見るよりも明らかです。そのときこそ、遺言の出番です。相続争いを避けるためにも遺言を残しましょう。

■特別に財産を与えたい人がいる場合

子供のうち、法定相続分とは違う相続をさせたい場合があります。例えば、「親の面倒をよく見てくれた長女に多く遺産を残したい」とか、「事業を継いでくれる長男に多めに財産を与えたい」ということがあります。

あるいは、相続人が子供3人（長男、長女、次男）で、時価総額4000万円の自宅（長男と同居）と預貯金2000万円があるという場合、長男に自宅を相続させると、残り2000万円を長女と次男とで分けることになります。すると、相続額は1人1000万円となり、長女と次男に不満が出る可能性があります。

こういった場合には遺言を作成し、付言事項に自分の思いを記しておくのが賢明なやり方です。

■賃貸不動産を持っている場合

賃貸不動産を持っていると、遺産分割協議でもめることがあります。賃貸物件の収益性が高ければ、どの相続人もほしいと思うし、古くて空き室が多く、収益性が低いとなれば、誰もほしいとは思いません。そうなると、話し合いがまとまらず、財産分けができなくなってしまいます。

そういうときこそ、遺言を残しましょう。相続人の誰か1人に賃貸不動産を相続させる遺言を作成し、そのときには建物の修繕積立金や敷金などの預貯金も相続させるようにします。そうすれば、被相続人が亡くなってもすぐに名義変更ができ、賃料も相続人が受け取ることができます。余計な争いごとを起こす心配もなくなります。もちろん、付言に自分の思いを記し、相続人同士にしこりが残らないように配慮します。

■相続人の1人を廃除したい場合

相続人の中に相続させたくない人がいる場合、法的には「廃除」という手続きをすることになります。しかし、相続人の権利を奪うことは重大な行為であるため、必ず家庭裁判所に申し立てを行い、認めてもらう必要があります。

家庭裁判所が認めるのは、次の3つの行為が相続人にあったと判断されたときに限られます。

①被相続人に対する虐待
②被相続人に対する侮辱
③その他の著しい非行

滅多に実家に帰らないとか、一時的な暴言だけではこれに当たりません。現実的には廃除が認められないケースが多いといえるでしょう。

家庭裁判所への申し立てには、2つの方法があります。

1つは、生前に被相続人が申し立てる方法です。しかし、廃除を申し立てたことは該当する相続人にも知れることになり、さらに暴力がひどくなる可能性もあります。それを恐れて生前に廃除を申し立てるのを断念する人が多いのが実状です。

もう1つの方法は、遺言に廃除の意思を記しておくことです。この場合は、具体的な虐待などの事実を記載しておきます。そして、被相続人が亡くなった後、遺言執行者が家庭裁判所へ申し立てを行います。

なお、廃除が認められても、その者に子供がいる場合は、廃除された親に代わってその子供が相続人になります（代襲相続）。

また、被相続人は一度行った廃除をいつでも取り消すことができます。遺言で取り消すことも可能ですが、その場合は被相続人の死後、遺言執行者が家庭裁判所に申し立てる必要があります。

■相続人に行方不明者がいる場合

被相続人が亡くなると、相続人同士で遺産分割協議をしなければならず、相続人の中に行方不明者がいる場合でも、それは変わりません。その人を除外して財産分けの話し合いをしても、法的には無効になります。

いくら探しても見つからない場合には、「失踪宣告」（※詳しくは20ページ）か「不在者財産管理人の選任」のいずれかを家庭裁判所に申し立てる必要があります。しかし、失踪宣告は、生死不明の期間が7年以上経っていなければ認められず、仮に7年以上経っていた場合でも、非常に重い宣告であるため、すぐには認められません。

また、不在者財産管理人の選任も、選任までの手続きに時間がかかる上、選任された人は行方不明者の代理人として遺産分割協議に参加するため、その者に不利になるような財産分けには同意できません。「行方不明だから遺産は相続させない」というわけにはいかないのです。

しかし、遺言があれば、遺産分割協議をする必要がありません。遺言で行方不明者を外して財産分けを明記することも可能です。

■子供がいる人が再婚した場合

子供がいない人同士の再婚の場合は、相続でもめることはありません。しかし、前妻との間に子供がいて、さらに後妻との間に子供がいる場合、子供同士の仲が悪いケースが多く、被相続人が亡くなった後に相続争いが起こることが往々にしてあります。

場合によっては、再婚後、前妻との子供とまったく音信不通になることもあります。それでも相続が発生すれば、連絡を取って遺産分割協議をしなくてはいけません。連絡が取れても、「もう縁は切れている」と顔を出さない前妻の子もいますが、その人を外して遺産分割協議をすることはできず、そのままでは相続の手続きができなくなります。

あるいは、遺産分割協議に参加しても、普段顔を合わせていない分、自分の法定相続分を主張してくることも考えられます。もし、自宅の家と土地しか財産がない場合は、後妻の住む家を手放しても現金を作らなければならなくなるのです。

こうした事態を避けるためにも、遺言は残しておくべきです。

■内縁の夫婦の場合

民法では、内縁関係の夫婦にはお互いの相続権が認められていません。戸籍上の婚姻関係のない配偶者は相続人にはなれないのです。

夫が亡くなると、その財産は夫の親か兄弟姉妹に渡ってしまい、自宅の名義が夫である場合には、マイホームからも立ち退かなければなりません。入籍しないのであれば、遺言で財産を残すようにしましょう。

■相続人に認知症の人がいる場合

第3章で詳しく説明しましたが、相続人の1人が認知症の場合、遺産分割協議ができません。成年後見制度を利用するか、遺言で負担付遺贈をするか、家族信託を結んでおくか、考えておく必要があります。何もしなければ、すぐには財産分けができず、遺産分割協議も相続人の思い通りには進まない可能性があります。

家族に判断能力が不十分な人がいる場合には、事前に対策を考えておきましょう。

■身寄りのいない人の場合

独身で身寄りがいない（法定相続人がいない）場合、その財産は原則として国庫に帰属することになります。遺言を残しておけば、お世話になった人に遺贈したり、特定の企業や団体、施設などに寄付したりすることもできます。

専門家の力を借りて、元気なうちに遺言を残す

遺言がとくに必要なケースをいくつか挙げましたが、遺言は誰もが残すべきものといえます。ただし、自筆証書遺言にしても、公正証書遺言にしても、法律上の問題はなくても、内容によっては相続人の間にトラブルが起こることがあります。

例えば、不動産を共有にしたことによって土地の有効利用ができなくなったり、特別受益や寄与分のことを考慮に入れず、遺留分を侵してしまったために相続人同士の仲が悪くなったり、納税のことを考えずに遺産分割したために不動産を売却することになったり、等々、さまざまなトラブルが考えられます。

こうしたトラブルを避けるためにも、遺言書を作成するときには専門家に相談することをお勧めします。その際には、相続関係の手続きに詳しい人を選ぶようにしましょう。法務や税務や相続実務などに精通し、総合的な判断のできる人に相談することが納得のいく遺言書を作成することになります。

また、遺言書を作成するのに年齢は関係ありません。死がいつ訪れるかは誰にもわからないからです。ある日突然、亡くなることもあります。あるいは、まだ早いからと先延ばしにしているうちに認知症になってしまい、遺言書の作成ができなくなることもあります。

遺言を残すことは、家族のためでもあるのです。財産が多い少ないにかかわらず、遺言書は作成するようにしましょう。

報告

奥山裕樹
仙台平和相続サポートセンター　代表コンサルタント

事例6

遺言書を作成したばかりにすべての不動産を売却することに

ある方から相続についての相談がありました。被相続人はその方の祖母で、祖母は生前に公正証書遺言を作成しておりました。法定相続人は長女、先に亡くなっていた長男と次男の子供たちです。遺産は主に不動産のみで、長女の娘である孫と一緒に住んでいた自宅とアパートでした。

遺言には自宅を亡くなった長男の妻に、アパートは長女に相続させ、亡くなった次男の息子には相続するものはありませんでした。

自宅は長女の娘が住んでいましたが、長男の妻が相続したことで退去することになりました。しかし、築40年経過している自宅に多額の修繕費がかかることがわかり、法定相続人以外が相続したことによる割増の相続税の支払いもあることから、結果的に売却処分することになってしまったのです。

アパートの建物名には亡くなった長男の氏名が含まれており、長男遺族には思い入れがありましたが、長女に相続されることになりました。アパートは資産価値が高かったため、相続財産のない亡くなった次男の息子から遺

COLUMN

留分を主張され、その支払いのためにアパートも売却処分することになってしまいました。

遺言で、法定相続人ではない人を受遺者にしたり、法定相続人の中に相続財産がない人がいたりしたため、結果的にすべての不動産を処分してしまうことになりました。後々のことを考慮しない遺言にしてしまったことで、柔軟な遺産分割を行うこともできなくなり、不要な相続税まで支払うことになってしまったわけです。

自宅を長女が相続するなどの相続人間で話し合いができるきっかけがあれば、思い入れのある不動産を残すことができたかもしれません。せっかくご相談いただいたのですが、売却以外の提案をできず、歯がゆい思いをいたしました。相続の知識がなく、思い付きのままで遺言書を作ってしまった失敗例でした。

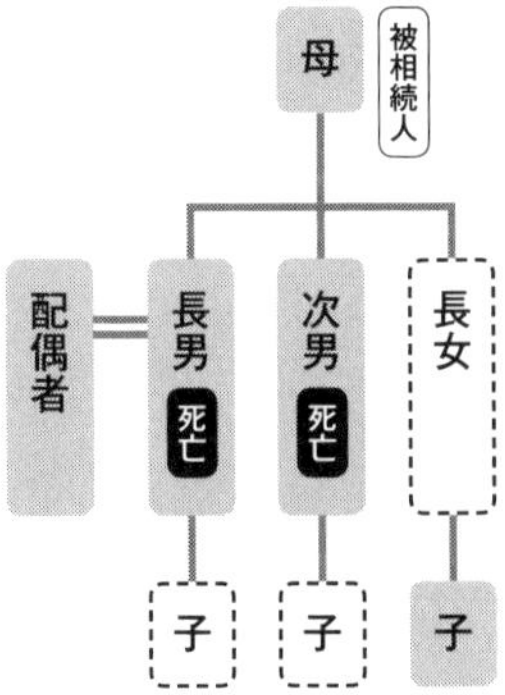

[ ] 内は、第一順位の法定相続人

遺言書が
長男の妻を受遺者にしていたことで、
次男の子に相続するものが
なくなってしまった

▼▼▼

遺産分割においては
不動産は厄介な資産にもなりうる

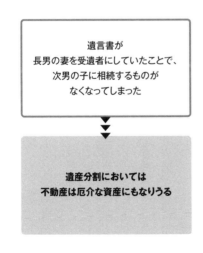

報告

佐藤 洋
大分ぶんき相続サポートセンター　代表コンサルタント

事例 7

相続にまったく関心がなかった方が、セミナーを通じて相続対策に着手

ご相談者は、相続セミナーを受けるまで自身の相続のことはまったく考えていなかったという70代の方です。どちらかというと、「死んだ後のことは、残された家族で勝手にやってくれ」というお考えでしたが、セミナーを受けてから考え方が変わったようです。

セミナーが終了して半年後にご相談にいらっしゃいました。所有財産は、法人所有のアパート1棟建物、借家2棟建物に、個人所有のアパートの土地、借家の土地、スーパーの借地、貸店舗1棟というものでした。

相続税がいくらかかるか、シミュレーションしたところ、およそ800万円の相続税になることが判明しましたが、現金はお持ちではなく、借入金がある状態でした。

相続人は奥様と2人の息子さんの3人。長男も次男もご相談者と同居はしておらず、どちらも「賃貸経営はやりたくない」というご意向でした。奥様に賃貸経営を引き継ぐことは難しいとのご判断でしたが、生活のこともあり、頭を悩ませていました。

そこで、法人所有の不動産を全部売却し、

COLUMN

法人を解散。個人所有のアパートの土地、借家の土地、貸店舗も売却することにしました。そして、収益性がよく、売却しようと思えばいつでも売却できるスーパーの土地は残し、今後の生活費に充てていくことにしました。これにより、自宅の改修費も含め、すべての借り入れを返済することができたのです。

　また、次男には以前、マンションの購入費用1000万円を援助していたことがあるため、長男にも売却で得た資金の一部から1200万円を住宅取得資金一括贈与で贈与することにし、その際の土地も弊社で仲介させていただきました。

　こうした相続財産に加え、暦年贈与も開始し、少しずつ子供たちに財産を分与していく方針でいます。ご本人も残された家族も納得する形になるよう遺言も書く予定です。

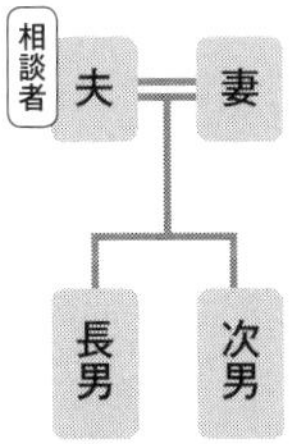

資産

- 法人所有のアパート1棟建物
- 法人所有の借家2棟建物
- 個人所有のアパートの土地
- 個人所有の借家の土地
- 個人所有のスーパーの借地と貸し店舗1棟

▼

相続対策は早く始めるほど効果的

▼

対策の手立てがそれだけ多くなる

▼

円満で幸せな相続、節税も有利に

第5章

知っておきたい節税の手法

節税はきちんと行いましょう

節税の王道は、賃貸不動産の取得

相続税が発生するほど資産のある人にとって、もっとも有効な節税対策は財産の評価額を減らすことです。その中でも、賃貸不動産の購入は相続税対策の決定打といえるでしょう。

仮に1億円の現預金があるとします。現預金で持っている場合、相続税の評価額は1億円です。しかし、同じ1億円でマンションを新規取得すれば、相続税の評価額はグッと下がります。

なぜかといえば、不動産の場合、実際の売買価格や建築価格が相続税の評価額になるわけではなく、路線価や固定資産税評価額に基づいて評価されるからです。建物の固定資産税評価額は、建物にもよりますが、おおよそ建築費の60％といわれています。

したがって、1億円を使ってマンションを建築した場合、建物の固定資産税評価額は約６０００万円になるのです。しかも、建物が古くなればなるほど、評価額は下がっていきます。

マンションを賃貸にすると相続税評価額はもっと低くなり、さらに30％減額されます。これは、賃貸にすると入居者に借家権が生じるため、大家の方の権利が弱くなるという理由によります。つまり、固定資産税評価額が６０００万円だとすると、そこから30％減額されて４２００万円まで評価額が下がるのです。

また、土地についても節税効果があります。更地に賃貸マンションを建築すると、その土地は貸家建付地となり、更地に比べて評価額が下がります。減額の割合は、「借地権割合×借家権割合×賃貸割合」で算出され、満室の場合おおよそ20％の減額となるのです。したがって、相続税評価額1億円の更地に、賃貸マンションを建てれば、約８０００万円の評価額になるというわけです。

さらに、入居者からの賃貸収入も入ることになり、将来的には相続税の納税資金として利用することができます。そして、その賃貸収入を使って生命保険に加入し、相続発生時に相続人が受け取れるよう

相続税はいくらになるの？

相続税の節約方法はいろいろあるみたいだな
研究しなきゃ
相続
基礎控除額は、3000万円＋600万円×法定相続人の数
あなたの資産は、それよりずっと下
そうか、おれが死んでも、みんなに相続税はかからないのか
それは一安心
安心なんかしてないで、遺言書にしっかりとあなたの想いを書いておいてね
はいはい

にしたり、子や孫に生前贈与したりすることもできるのです。

このように、賃貸不動産の建設には大きなメリットがありますが、いいことばかりではありません。不動産が値下がりしてしまったり、空き室が多く、賃貸収入があまり見込めなかったりする可能性もあります。

相続税対策になるからと安易に飛びついたりせず、まずは信頼できる不動産管理会社に相談することが大切です。リスクもあるという覚悟の上で、事前のマーケティングをしっかり行いましょう。

タワーマンションの購入は節税になるのか

タワーマンションを購入すると節税効果が高いといわれ、富裕層の間で眺望のいい最上階を購入するケースが増えています。これは、低層階に比べて高層階の実売価格の方が圧倒的に高いのに対して、床面積が同じであれば、高層階も低層階も相続税の評価額は同じであるという理由によります。

例えば、最上階の40階の売値が2億円で、2階は5000万円だとします。売値は40階の方が高いのですが、相続税の評価額はどちらも3000万円ぐらいだったりします。相続税を計算する上での評価額は、床面積で決まりますから、最上階だろうが2階だろうが評価額は一緒なのです。そうすると、40階を購入した人は1億7000万円分の財産が減ったことになり、大幅に節税できるわけです。

しかし、こうした高層マンションについて、平成29年度税制改正により、もはやタワマン節税（タワーマンション活用の節税策）は見込めなくなるのでは、との見方が強まりました。高層階の固定資産税と相続税が引き上げられ、高層階の税率が上がる一方、低層階の税負担が軽くなるのではないかと思われていたのです。

ところが、実際のところは、この税制改正はあくまでも固定資産税の改正であり、相続税に関する改正ではありません。建物全体の評価額・税額は変更せずに、その全体の固定資産税額を単純な持ち分ではなく、基準階を中心に階層によって本来の按分額に増減を設け、高層階は高く、低層階は低くなるようにするというものです。

相続税に関していうと、建物の評価は固定資産税の評価額に基づくため、固定資産税評価額が変われば、相続税評価額も影響を受けることにはなります。しかし、この改正は非常にささやかなもので、相続税に関してはほとんど影響がないといえるでしょう。

なぜ、抜本的な改正ができないかというと、いろいろな理由があります。

まず、マンションの眺望ですが、これは隣に同じような高さのマンションが建ってしまえば、見晴らしが悪くなってしまいます。また、同じマンションでも、方角が南向きか北向きか、角部屋か否かによって実売価格は変わります。必ずしも、高層階であることは相続税の評価額が高くなる理由にはならないのです。

また、固定資産税は建物の物理的な価値に対して課税するものです。同じ構造、同じ部材で造った建物であれば、どの場所に建っていても評価額は同額になります。

一方、相続税の評価は、収益性などを考慮した相続発生時点での「時価」とされています。時価とは、国税庁が定めた財産評価基本通達によると、「不特定多数の当事者間で自由な取引が行われる場合に通常成立すると認められる価額」とされています。

つまり、固定資産税のような物理的な評価ではなく、相続が発生した時点での個別の評価が必要だということになります。しかし、現実問題として、税務職員が一軒一軒の建物を評価することなど無理な話です。

したがって、タワマン節税は今後も一定の効果は発揮できるのではないかと思われます。

生前贈与には2つの方法がある

被相続人の財産を減らす方法として、生前に贈与するというものがあります。生きているうちに多くの財産を相続人に移しておけば、被相続人の財産を減らすことができ、相続税対策になるというわけです。

贈与税が非課税となる生前贈与の方法としては、「暦年贈与」と「相続時精算課税贈与」の2つがあります。それぞれについて説明しましょう。

(1) 暦年贈与

暦年贈与は、年間110万円以下の贈与であれば、税金の対象にはならないというものです。したがって、ある程度の年数をかけて暦年贈与をすれば、まとまった金額を相続人に与えることになり、相続税対策になります。これを子供や孫など複数の相続人に行えば、さらなる節税効果が見込まれます。

例えば、子供や孫など、合わせて5人に110万円ずつ贈与すれば、年間550万円の財産を減らすことができます。これを10年続ければ5500万円、20年続ければ1億1000万円、被相続人の財産が減る計算になります。その分、相続税も節税できる上、贈与された子供や孫にとっては、将来、相続税を支払う際の資金にすることもできます。まさに一石二鳥の相続税対策といえるでしょう。

ただし、暦年贈与で気をつけたいのは、「生前贈与の3年以内加算のルール」があるということです。これは被相続人が亡くなる日前から3年以内に、贈与によって受け取った財産は、相続財産と見なして相続税の申告に含めなければならないというものです。つまり、暦年贈与された過去3年分の合計額が、被相続人の財産金額に持ち戻されて相続税が計算されるということになります。

このルールは、当然、一般的な生前贈与にも適用されます。

例えば、2016年の時点で、被相続人の財産が1億円あったとします。同じ年に500万円を息子に生前贈与し、贈与税を納税します。そして、翌年の2017年と翌々年の2018年にも同じことを繰り返しました。それを続けていこうと思っていたところ、2018年の5月1日に突然、被相続人が亡くなってしまいます。

その時点で被相続人の財産は8500万円です。この8500万円を基に相続税が計算されると思いきや、実際にはそうではありません。亡くなった日（2018年5月1日）を起点として遡ること3年間に行われた生前贈与分は、亡くなったときの財産に持ち戻して相続税を計算しなければなりません。

つまり、２０１６年の時点で持っていた1億円に対して相続税が課せられるのです。もちろん、すでに贈与税は納税していますから、二重に税金を支払う必要はありません。まず1億円で相続税を計算し、その金額からすでに支払っている贈与税を差し引いて、その金額を納税するのです。

ただし、孫に対しての贈与には適用されません。３年以内加算は、相続・遺贈により財産を取得した人に対して適用されるルールだからです。つまり、通常は被相続人の法定相続人である配偶者と子供に対して適用されます。

したがって、孫に生前贈与して3年以内に亡くなっても、相続税の対象にはなりませんが、遺言に「孫にも財産を残す」と指定してあった場合は別です。孫が遺贈により財産を取得した人となり、３年以内加算の対象になります。

なぜ、３年以内加算というルールがあるかというと、相続税を少なくしようと、被相続人が亡くなる直前に駆け込みで生前贈与する人がいるからです。生前贈与をするなら、前もって計画的に行うようにしましょう。

また、暦年贈与では、もう一つ、注意しなければならないことがあります。それは、贈与される相手に「贈与してもらった」という認識がなければならないという点です。

例えば、祖父が孫名義の口座を開設し、毎年１１０万円を自分の口座から移していたとします。祖父は孫に贈与しているつもりでも、孫が口座の存在を知らず、自分で現金を引き出すこともできない場合には、暦年贈与とは認められません。いくら孫名義の通帳であっても祖父の財産とみなされて、相続税の対象になってしまいます。孫名義の口座を作るのであれば、口座の管理は孫本人に任せるようにしましょう。

(2) 相続時精算課税贈与

相続時精算課税贈与は、60歳以上の親から20歳以上の子供や孫（いずれもその年の1月1日時点の年齢）にできる贈与で、2500万円までは非課税ですが、それを超えると一律20％の贈与税がかかります。相続時精算課税贈与は、多額の財産を贈与するのに向いているといえるでしょう。

ただし、相続が発生すると、贈与されたときの価額で全額を相続財産に持ち戻さなければなりません。その上で、相続税の計算がされることになります。したがって、相続時精算課税贈与では、相続税に対する節税効果は期待できないことになります。それでも、すでに支払っていた贈与税額は相続税額から控除できますし、贈与税額の方が多ければ、その分が還付されます。

「相続時精算課税」という名称は、相続発生時に相続税と贈与税との間の精算が行われることから名づけられています。

この相続時精算課税贈与を一度利用すると、その親から子への贈与はすべてこの方式で処理されることになります。途中で暦年贈与に変更することはできませんので、注意してください。

例えば、父親から長男に相続時精算課税贈与をした場合、その後はずっとこの方式で贈与しなければなりません。ただし、母親から長男に贈与したり、父親から他の子どもに贈与したりするときに、この方式を使っていなければ、暦年贈与が利用できます。

非課税枠がある住宅取得資金の贈与

子供や孫がマイホームを持ちたいというとき、親や祖父母が利用できる制度があります。それが「住宅取得資金の贈与」です。この制度を利用すれば、子供や孫に喜ばれるだけでなく、自分の財産が減り、相続税も下がります。

具体的にいうと、平成33年12月31日までの間に、住宅を新築、取得、増改築などを行うために、親や祖父母などの直系尊属から贈与を受けた場合、一定金額までは贈与税が非課税になるというものです。

しかも、110万円の暦年贈与とは別に、非課税で住宅取得資金の贈与ができるのです。また、3年以内加算の対象とはなりません。住宅を取得するような年齢の子供や孫のいる人は、ぜひとも利用したい制度といえるでしょう。

この制度を利用できる人の主な条件は以下の通りです。

・贈与を受けるのは直系卑属（子や孫など）であること（直系であることが条件で、妻の両親から夫が贈与を受けた場合には利用できません）
・贈与を受けた年の翌年3月15日までに住宅を新築、取得、増改築していること
・贈与を受けた年の翌年3月15日までにその家屋に居住すること、または遅滞なく居住することが見込まれること 等

また、非課税になる限度額は、表のように住宅を取得した年によって変わります。

なお、限度額は、消費税率が10％に改正された場合には変更される予定です。

図25　住宅取得等資金の贈与税の非課税限度額

1．下記2以外の場合

住宅用の家屋の新築等に係る契約の締結日	住宅用の家屋の種類	
	省エネ等住宅	左記以外の住宅
平成27年12月31日まで	1,500万円	1,000万円
平成28年1月1日から平成32年3月31日まで	1,200万円	700万円
平成32年4月1日から平成33年3月31日まで	1,000万円	500万円
平成33年4月1日から平成33年12月31日まで	800万円	300万円

2．住宅用の家屋の新築等に係る対価等の額に含まれる消費税等の税率が10％である場合

住宅用の家屋の新築等に係る契約の締結日	住宅用の家屋の種類	
	省エネ等住宅	左記以外の住宅
平成31年4月1日から平成32年3月31日まで	3,000万円	2,500万円
平成32年4月1日から平成33年3月31日まで	1,500万円	1,000万円
平成33年4月1日から平成33年12月31日まで	1,200万円	700万円

この特例を利用する際の注意点としては、非課税額の限度内であったとしても、必ず贈与税の申告はしなければならないということです。

例えば、平成30年8月にマイホームの新築契約を締結する子供に対して、親が住宅取得資金を500万円贈与したとします。省エネ等住宅以外の住宅取得資金の非課税の限度額は700万円なので、この制度を使えば、贈与税はかかりません。しかし、税金がかからないからといって申告をしないと、この特例を受けることができなくなってしまいます。

申告しなかった場合には、500万円を通常の方法で贈与したと見なされ、48万5

000円の贈与税がかかってしまうのです。

贈与税の申告期限は、贈与した年の翌年2月1日から3月15日までです。期限を過ぎてしまうと非課税にはしてもらえません。この特例を使うときには、くれぐれも申告を忘れないようにしてください。

祖父母などによる教育資金の一括贈与は非課税

平成25年4月1日から平成31年3月31日までの間に、祖父母などの直系尊属から30歳未満の者（受贈者）に一括贈与された教育資金については、1500万円までの金額に相当する部分の価額が非課税になります。また、3年以内加算の対象とはなりません。

非課税が認められる教育資金とは、入学金や授業料、入園料、保育料、施設設備費、入学（園）試験の検定料、学用品の購入費や修学旅行費、学校給食費などのほか、学習塾や水泳教室などの受講料、通学定期代、留学のための渡航費などになります。

この非課税制度の適用を受けるためには、教育資金口座の開設などを行った上で、教育資金非課税申告書を金融機関などの営業所などを経由して、信託や預入などをする日（通常は教育資金口座の開設などの日）までに、受贈者の納税地の所轄税務署長に提出する必要があります。

また、教育資金口座からの払い出しや教育資金の支払いを行った場合には、口座の開設などのときに選択した払出方法に応じ、その支払いに充てた金銭の領収書などを次の(a)または(b)の提出期限までに金融機関などの営業所などに提出しなければなりません。

(a)教育資金を支払った後に、その実際に支払った金額を口座から払い出す方法を選択した場合、領収書などに記載された支払年月日から1年を経過する日

(b)(a)以外の方法を選択した場合、領収書などに記載された支払年月日の属する年の翌年3月15日

この非課税制度は、受贈者が30歳に到達するか、あるいは死亡、口座の残金がゼロになった場合には、契約が終了します。

祖父母などによる結婚・子育て資金の一括贈与は非課税

平成27年4月1日から平成31年3月31日までの間に、父母や祖父母などの直系尊属から20歳以上50歳未満の者に結婚・子育て資金を贈与した場合、1000万円までの金額に相当する部分の価額については、金融機関等の営業所等を経由して結婚・子育て資金非課税申告書を提出すれば、贈与税が非課税となります。

結婚・子育て資金には、挙式費用や衣装代などの婚礼費用、家賃や敷金などの新居費用、転居費用のほか、不妊治療や妊婦健診にかかる費用、分娩費や産後ケアにかかる費用、子供の医療費や幼稚園・保育所の保育料などが含まれます。

この非課税制度の適用を受けるためには、結婚・子育て資金口座の開設等を行った上で、結婚・子育

て資金非課税申告書を金融機関などの営業所などを経由して、信託や預入などをする日（通常は結婚・子育て資金口座の開設などの日）までに、受贈者の納税地の所轄税務署長に提出する必要があります。

また、結婚・子育て資金口座からの払い出しや結婚・子育て資金の支払いを行った場合には、口座の開設などのときに選択した払出方法に応じ、その支払いに充てた金銭の領収書などを次の(a)または(b)の提出期限までに金融機関などの営業所などに提出しなければなりません。

(a)結婚・子育て資金を支払った後に、その実際に支払った金額を口座から払い出す方法を選択した場合、領収書などに記載された支払年月日から1年を経過する日

(b)(a)以外の方法を選択した場合、領収書などに記載された支払年月日の属する年の翌年3月15日

この非課税制度は、受贈者が50歳に達するか、あるいは死亡、口座の残高がゼロになった場合には、契約が終了します。

契約期間中に贈与者が亡くなった場合には、死亡日における非課税拠出額から結婚・子育て資金支出額を控除した残額を、贈与者から相続などにより取得したこととされます。

相続対策として活用できる生命保険

一般的に生命保険は病気になったときの入院費や治療費、亡くなった後の家族の生活費の保障として加入するものです。しかし、生命保険は相続対策にも大きな威力を発揮します。

第1章で、相続対策には「遺産分割対策」「納税資金準備対策」「節税対策」の3つの側面があると書きましたが、この3つすべてに対応できるのが生命保険なのです。それぞれについて生命保険がどのように役立つのか、説明しましょう。

（1）遺産分割対策

遺産分割対策とは、自分の財産のうち、誰に何を分け与えるかを考えることです。それぞれの相続人に公平に分けることができれば万々歳ですが、そううまく事は運びません。

例えば、相続人が長女と長男の2人で、預貯金がほとんどなく、自宅の土地と家屋があるという場合。被相続人と同居していた長男に不動産を残すと、長女に分け与える財産はありません。長女がそれで納得してくれればいいのですが、自分の遺留分を主張してきた場合には遺産分割協議が成り立たず、財産分けすることができなくなります。

そんなとき、契約者を父、被保険者を父、死亡保険金の受取人を長女にした生命保険に加入していれば、長女にまとまった金額を残すことができます。しかも、生命保険には相続税の非課税限度額があり、「500万円×法定相続人の数」までは税金がかかりません（※詳しくは187ページ（3）参照）。

また、生命保険金は原則として遺産分割協議の対象外となり、他の相続人の同意がなくても保険金を受け取ることができます。遺産分割協議がもめた場合でも、保険金はすぐに受け取ることができるのです。

あるいは、不動産を相続した人に被相続人の死亡保険金が下りるようにし、その相続人が他の相続人に代償金を支払うことで、財産分けのバランスを保つという方法もあります。これを「代償分割」といいます。これは、被相続人が不動産や自社株など遺産分割しづらい財産を持っていて、一人の相続人にそれらを承継し、事業を続けてもらいたいときなどに有効です。

また、被相続人に負債があって相続人が相続放棄した場合でも、被相続人が生命保険に加入していれば、それを受け取ることができます。

（2）納税資金準備対策

第1章で説明したように、基本的に相続税は現金一括払いにしなくてはなりません。資産家であっても、不動産の価値が高すぎて現金が足りないということもあります。そうなると、先祖代々続いた土地を売却して相続税を納税することにもなりかねません。

生命保険は、相続税の納税対策としても大いに役立ちます。相続税は相続人一人ひとりに納税義務があるため、一人でも納税できない相続人がいると、他の相続人が代わって支払わなければなりません。これを「連帯納付義務」といいます。

相続人が複数いる場合には、それぞれの相続人を死亡保険金の受取人にした生命保険に加入すれば、被相続人が亡くなった後、死亡保険金が支払われます。たとえ、遺産分割協議がうまくいっていなくても、死亡保険金はすぐに支払われるため、期限までに納税することができるのです。

また、賃貸不動産を持っている被相続人が、相続時精算課税制度を使って賃貸不動産の建物を子供に贈与し、その後の賃料収入を子供が受け取れるようにすることがあります。その場合、相続が発生すると、この賃貸不動産の建物は贈与時の価額で持ち戻しとなり、相続税を支払わなくてはなりません。

このような場合に役立つのが生命保険です。つまり、子供が賃料収入の一部を使って被相続人を被保険者とする生命保険に加入し、将来の納税資金を準備するのです。そうすれば、相続が発生したときに生命保険金を受け取ることができ、納税に困ることはなくなります。

(3) 節税対策

生命保険には非課税限度額の適用があり、「500万円×法定相続人の数」の死亡保険金には税金がかかりません。つまり、生命保険に加入するということは、課税対象となる現金の一部を非課税財産に変えることになるのです。その分、節税ができます。

例えば、評価額の高い不動産を持っている場合を考えてみましょう。その土地が空き地で売買することが可能であれば思い切って売却し、その資金で一時払い終身保険に加入するのです。そうすれば、無駄に固定資産税を支払う必要もなく、財産の総額も減ります。その上、被相続人が亡くなったときには死亡保険金が下りるのです。節税対策にはもってこいの方法といえるでしょう。

ただし、この場合、生命保険の非課税限度額の適用も受けるには、被相続人をAとした場合、次のような契約形態に限ります。

・契約者（保険料負担者）＝A
・被保険者＝A
・保険金受取人＝Aの相続人（配偶者や子供など）

生命保険の契約をするときには、くれぐれも契約方式をまちがえないようにしましょう。

また、「生命保険料贈与」という方法もあります。これは、親が子供に現金を贈与し、子供がその現金を使って、例えば親を被保険者とする生命保険契約をするというものです。この場合、契約者は子供、保険金受取人も子供になり、受け取った保険金は子供の所得税・住民税の対象となります。親の財産を少しずつ減らすことになり、さらに将来の納税資金を確保することもできるというわけです。

ただし、贈与の事実を税務署で認定されなければ、保険料の実質負担者は親（被相続人）とみなされ、子供が受け取った保険金は「みなし財産」として非課税限度額を超えた部分は相続税の対象となってしまいます。そうならないためには、次のような点に気をつける必要があります。

1 毎年、贈与契約書を作成する（できれば確定日付まで取る）
2 贈与額が110万円を超えた場合は、受贈者が毎年贈与税の申告・納税をする
3 生命保険料を親の生命保険料控除としない
4 親が子供の預貯金口座に現金を振り込み、できるだけその口座を保険料引き落とし口座とする
5 子供が自分の印鑑で口座を開設し、通帳・印鑑・キャッシュカードなどを子供自身が管理する

このように生命保険は相続対策にはうってつけの方法といえます。うまく利用して円満な相続ができるようにしましょう。

入るなら「終身保険」にしなければ意味がない

生命保険を相続対策に利用するためには、「終身保険」に入るのが基本となります。終身保険であれば、いつ被相続人が亡くなっても相続人は死亡保険金を受け取ることができ、「遺産分割対策」にも、「納税資金準備対策」にも、「節税対策」にも使えます。

生命保険に加入するときには、その種類に十分注意する必要があります。

保険外交員に勧められるままに保険に入ったら、終身保険ではなく定期保険に入っていたという話を聞いたことがあります。定期保険は「期間が決められている保険」で、その期間が終了すると保険契約も終わってしまいます。これでは、相続が発生したときに当てにしていた死亡保険金は入ってきません。また、定期特約付き終身保険も注意が必要です。これは、保険内容が主契約（終身保険）と定期保険特約に分かれているものです。

例えば、終身保険の死亡保険金が100万円、定期保険特約（80歳まで）が1400万円だとします。自分では1500万円の生命保険に入ったつもりでも、80歳を過ぎたら100万円の死亡保険金しか受け取れません。

さらに、養老保険も、定期保険と同じく期間が決められている生命保険で、期間内は「相続税の非課税枠」が活用できても、満期になると「満期返戻金」が支払われ、全額相続税の課税対象になってしまいます。長生きして満期返戻金を受け取ることができるのはうれしいことですが、まったく相続税対策にはならず、むしろ税金が増えてしまいます。

終身保険の中には「祝い金付き終身保険」というものもあり、一生涯、保障が続きますが、何年かごとに「健康祝い金」などの名目で一時金が支払われます。これは、積み立てている保険料の一部から支払っていることになり、死亡保険金額が段階的に減っていくことを意味します。最終的には保険金額が小さくなってしまいますので、気をつけてください。

養子縁組をして相続人を増やす

すでに述べたように、相続税には基礎控除があります。その算出法は「3000万円+600万円×法定相続人の数」で、これが基礎控除額になります。

つまり、相続人の数が多ければ、それだけ基礎控除額が増えることになります。その分、被相続人の課税遺産の総額が減り、当然、相続税も減るというわけです。

資産家の中には、祖父母が孫を養子縁組している例があります。そうすれば、孫が相続人になり、基礎控除額が増えることになります。

また、相続人が増えると、基礎控除が増える以外にもメリットはあります。相続税の総額を算出する際の累進税率の適用段階が下がり、相続税の総額自体が減少する可能性があるのです。

さらに、生命保険をかけていれば、相続人の数が増えることで生命保険金の非課税限度額も増えて納税額が下がります。

ただし、第2章でも書いたように、税法上は、養子縁組は実子がいる場合は1人、実子がいない場合でも2人までしか認められていません。民法上は何人でも養子縁組はできますが、節税効果が得られる養子の数は1人か2人までです。他の方法も合わせて節税対策をするといいでしょう。

生前にお墓を購入すると節税対策になる

生前に被相続人が自分のお墓や仏壇を購入すると、その分、手持ちの現金が減るだけでなく、お墓や仏壇などの祭祀財産は、相続税が非課税になりますから節税につながります。

ただし、現金で購入する場合は問題ありませんが、ローンを組み、支払っている途中で亡くなってしまった場合は、ローンの残金については控除されませんので気をつけましょう。

報告

高橋大貴
㈱福岡相続サポートセンター　コンサルタント

事例 8

相続税が払えなくなるのに、自宅を建て替えようとしていた父親

とあるご相談のお話です。相談者は50代の男性Cさん（Aさんの長男）。「85歳になる高齢のAさんが、今ある2000万円の貯金を全部使って自宅を建て替えようとしている。世間では相続税の支払いが大変だという話をよく聞くが、現金をすべて使ってしまって大丈夫だろうか？」という相談でした。

Aさんは「年金で十分生活できるし、今の家は築50年以上で使い勝手が悪く、なにより寒い。使いやすい家に建て直して、満足する終の住まいで一生を終わりたい」といいます。

同居しているCさんの弟のDさんも、いずれ自分が自宅を引き継ぐ予定でもあり、建替えにはとても乗り気です。

しかし、Aさんは、ご自宅の裏に約4反（＝1200坪＝約3960㎡）の田んぼを持っていました。その田んぼは、人口約150万人の地方中核都市の郊外にある、いわゆる「市街地農地」でした。

そこで、税理士に現地調査まで依頼して正確に試算したところ、法定相続分どおりに相続したとして約1076万円の相続税がかか

ることがわかったのです。長男Cさんの心配は的中しました。

Aさんの田んぼは「市街地にある農地」であるため、相続税の計算では「宅地」と同じ評価となります。仮に現金2000万円を使い切ってしまうと、Aさんの財産は自宅と田んぼだけになってしまいます。現金がありませんので、相続税は約1076万円子供2人が自分の貯金から支払わなければならなくなります。

これには長男Cさんも次男Dさんもびっくり仰天。そこで、私は農地を売却することを提案し、農地としてではなく、宅地としての売却をハウスメーカーに当たらせました。周りには一戸建てもたくさんある、田んぼと住宅地の混在する地域。程なく、農業委員会の許可も取れ、半年後には約1億4000万円で売却できました。譲渡所得税や仲介手数料などはかなりかかりましたが、それを差し引いても、約1億900万円が残り、相続税は約828万円まで下がったのです。

現金が増えたことで、Aさんは自宅を二世帯住宅に新築し、さらに長男Cさんのマンション購入、生命保険への加入、孫への教育費支援、家族旅行などと充実した資産活用を行っています。

長く生業とされてきた田畑を手放すということは、Aさんにとって非常に悩ましいことだったと思われますが、ご家族がとても満足できる結果となりました。専門家に相談し、正確な試算をしていくことの大切さを感じた案件でした。

第6章

頼れる相続のスペシャリスト

盛岡アート相続サポートセンター

相続で困った……
心配……どうしよう……
そんなときの受付窓口です。

代表コンサルタント　櫻井《さくらい》竜三《りゅうぞう》

上級相続支援コンサルタント、家族信託コーディネーター®、CFP®、宅地建物取引士、生命保険募集人

相続については誰にでも相談できるものではなく、どこから話を切り出せばよいかわからないお客様が多いことから、話しやすく、リラックスできる雰囲気を心がけております。

相続に関しては、問題点をはっきりと認識されているお客様が少ないため、お気持ちやお悩みをお聞きしながら、お客様と一緒に問題点を把握するようにしています。

お客様の中には、ご病気で時間がなく、解決すべき問題がたくさんある状況で、願いを叶える前にお亡くなりになった方がいらっしゃいました。相続は早めに対策を講じておかなければならないと痛感させられる出来事でした。

「相続対策をしたいが、何から手をつければよいかわからない」、そんなお客様がいらっしゃったら、ぜひ、お気軽にご相談ください。

お客様のお悩みを解決するお手伝いをさせていただきます。

〒020-0866　岩手県盛岡市本宮 3-11-11
株式会社アート不動産
TEL: 019-636-3241
E-mail: info@morioka-art.z-souzoku.com
HP: http://morioka-art.z-souzoku.com/

宮城県

仙台平和相続サポートセンター

不動産を軸とした相続対策で、相続する人、される人の想いを実現いたします！

代表コンサルタント　奥山《おくやま》裕樹《ゆうき》

上級相続支援コンサルタント、宅地建物取引士、２級ファイナンシャルプランニング技能士、CPM®、行政書士、マンション管理士、生命保険募集人、損害保険募集人、証券外務員1種

お客様の立場に立ってお話を聞くことを第一に考えております。その際、家族関係、資産背景だけでなく、お客様がどんな想いを持っているのかをお聞きするように心がけております。

お客様の中には、相続開始後にご相談を受け、各相続人からヒアリングをして遺産分割案を作成したケースがあります。その過程で、それぞれの想いを相続人の方々にお伝えすることができ、それまで疎遠であった関係が解消され、円満に遺産分割をまとめ上げたことがあります。

お客様の多くは、納税・節税対策を重視されて、分割対策をあまり心配されていません。納税・節税対策も大切ですが、遺産分割で相続人がもめるケースもあります。残されたご家族が円満に遺産分割するためにも、第三者である私どもにご相談いただければ、最善のご提案をさせていただきます。

〒981-8004　宮城県仙台市泉区旭丘堤 2-21-4
株式会社平和住宅情報センター
TEL: 022-234-6011
E-mail: info@sendai-h.z-souzoku.com
HP: http://sendai-h.z-souzoku.com/

秋田住宅流通相続サポートセンター

「不動産」という資産を通じて相続に関する対応ができる地域の相談窓口です！

代表コンサルタント　北《きた》嶋《じま》暢《のぶ》哉《や》

上級相続支援コンサルタント、宅地建物取引士、ＡＦＰ、賃貸不動産経営管理士

相続の相談をスムーズにお話ししていただけるような環境づくりを目指しております。実際のご相談では、被相続人と相続人など関係者の方々を把握し、皆様が持っている気持ちを引き出せるように心がけております。

これまでのお客様の中には、相続税対策を考えて建築の提案をした後に、実際の相続が発生し、資産を相続された方がいらっしゃり、感謝されたことがあります。

また、相続対策でご相談を受けてから10年以上にわたり、お付き合いをさせていただき、次の相続に向けた対策を考えていらっしゃる方もおります。

お客様にはいろいろな人生観があり、ご家族の生活環境も異なるため、争い事に発展することもあります。そうならないためにも、私どものような専門家にご相談いただき、より良いご提案をさせていただきたいと思っております。

〒010-0952　秋田県秋田市山王新町 1-29
株式会社秋田住宅流通センター
TEL: 018-824-5000
E-mail: ajrcsz@z-souzoku.com
HP: http://ajrcsz.z-souzoku.com/

福島県

郡山相続サポートセンター郡中

「ありがとう」と言ってもらえる幸せ相続をサポートします。

代表コンサルタント **鎌《かま》田《た》孝《こう》太《た》郎《ろう》**

不安を抱えて来店される方が多いため、まずはお話をじっくりお聞きするようにしています。その際、生前対策であれば、被相続人がどのような考えなのか、その思いを残せる最善策を第一に考えます。また、相続発生後であれば、提携する税理士や弁護士と一緒になり、迅速かつ丁寧な対応を心がけております。

弊社の相談者は、主に定期的に開催している相続セミナーの参加者になります。半年をかけて全6回のセミナーを受けていただくと、相続に関する知識が身につき、実際の相談の場面では話がスムーズに進みます。

弊社は賃貸経営会社ですが、グループ会社には賃貸管理会社もあります。賃貸オーナー様特有の相続問題にも、相続発生前、発生後と長期にわたりフォローしております。ぜひ、一度、相続セミナーに足をお運びください。

〒963-8014　福島県郡山市虎丸町 15-4
株式会社郡中ビルディング
TEL: 024-934-6011
E-mail: info@koriyama-g.z-souzoku.com
HP: http://koriyama-g.z-souzoku.com/

栃木県

栃木相続サポートセンター三和

地域密着40年の実績で、相続に関するあらゆるご相談に懇切丁寧に対応しております。

代表コンサルタント

菊《きく》地《ち》信《のぶ》之《ゆき》／松《まつ》本《もと》俊《しゅん》介《すけ》

相続支援コンサルタント、宅地建物取引士、
賃貸不動産経営管理士（両者共）

お客様がどのようなことで悩んでいらっしゃるのか、そのお悩みに共感できるように努めています。また、ご相談いただいているご本人様はもちろん、ご家族様のお気持ちにも配慮し、その関係性を踏まえて資産状況を把握するように心がけております。

　お客様のご相談で共通するものの中に、財産の把握ができていない、誰に何を分割するのかが決まっていないというものがあります。相続についてわからないということは、決して恥ずかしいことではありません。私どもでは一つひとつのご相談にお応えしながら、一緒にお悩みを解決していきます。

　複雑なご相談でも、弁護士・税理士・司法書士など、各分野の専門家と連携し、多方面から検討することで、お客様が納得できるご提案をさせていただいております。

　皆様に頼られる存在になれるよう、日々精進してまいります。

〒329-2735　栃木県那須塩原市太夫塚1-195
株式会社三和住宅
TEL: 0287-36-5353
E-mail: info@as30.jp
HP: http://tochigi-s.z-souzoku.com/

群馬県

群馬総合土地販売相続サポートセンター

相続の答えは、1つじゃない！ 相続支援コンサルタントが 親身に相談に乗ります！

代表コンサルタント

三《み》輪《わ》圭《けい》一《いち》／矢《や》島《じま》弘《こう》一《いち》

上級相続支援コンサルタント
宅地建物取引士
賃貸不動産経営管理士
ハウジングライフプランナー

上級相続支援コンサルタント
宅地建物取引士
２級建築士

相続のご相談ではプライベートなお話を伺うことも多く、また、相続の形も千差万別です。

安心してご相談いただけるように、相続に関する確かな知識を持って丁寧に対応させていただいております。その上で、相続する人・される人の「想い」を実現できるよう、誠心誠意、お手伝いいたします。

相続に関して、多くの方が不安を抱えていらっしゃいますが、具体的な行動に移している方は少なく、相続が発生後、築き上げてきた財産がトラブルやもめ事の種になってしまうことも多くあります。

相続を円滑に進めるためには、「早めに行動すること」が非常に大事だと思います。

「相続に関しては家族に相談しづらい」という方も多く、だからこそ第三者である私どもにできることがあるのです。お気軽にご相談いただけたらと思います。

〒370-0053　群馬県高崎市通町 76
株式会社群馬総合土地販売
TEL: 027-323-5515
E-mail: gunma@z-souzoku.com
HP: http://gunma.z-souzoku.com/

埼玉フレンド相続サポートセンター

相続は相手に譲る心、相手を思う心が大切です。「心」の相続、応援します！

代表コンサルタント　**鎌《かま》田《た》康《やす》臣《たか》**

相続支援コンサルタント、NPO 法人相続アドバイザー協議会認定会員、
宅地建物取引士、賃貸不動産経営管理士、生命保険募集人、損害保険募集人

お客様の本当の想いがどこにあるのか、また、ご家族の幸せをどのように実現できるかを常に考えます。相続は、民法、税法、不動産、保険などの専門的な要素と、人間関係が絡み合う複雑な問題です。円満な相続のためには、分割対策をしっかり行うことが重要であり、それをご理解いただくよう心がけております。

　これまでのご相談を通じて感じることは、分割対策に問題がありそうなご家庭ほど、相続に対して楽観視している方が多く、逆に、分割対策に問題のないご家庭ほど、相続に対する意識が高いということです。

　高齢化社会に伴い、相続に関するビジネスも増えております。皆様が向き合う専門家が本当に想いを汲んだ提案をしているかどうかを見極めることは重要です。私共では、お客様が幸せになっていただけるご提案を心がけております。

〒 340-0114　埼玉県幸手市東 2-8-6
株式会社フレンドホーム
TEL: 0120-43-0021
E-mail: info@friend.z-souzoku.com
HP: http://friend.z-souzoku.com/

埼玉県

埼玉相続サポートセンターマルヨシ

相続でも資産管理でも、知る、知らない、の1ミリの差が残りの人生に大きく影響します。

代表コンサルタント　小山哲央《こやまてつお》

上級相続支援コンサルタント、家族信託コーディネーター®、宅地建物取引士

お客様の幸せを願うこと、お客様のお気持ちを第一に考えることを信条に、相続のお手伝いをさせていただいております。

相続対策はお客様のプライベートに関わることでもあり、私どもと信頼関係を築くことが最良のご提案をさせていただくことにつながっております。これまでも、私どもが相続手続きをさせていただいたことがきっかけで、不動産を含むすべての資産管理を任せていただいたことがあります。

私どもでは過去4年間にわたり、相続セミナーと資産管理セミナーを毎月開催しております。おもしろおかしく、飽きさせないセミナーで、お客様にも好評をいただいております。

常に最新の情報を提供できるように、地域の社会情勢にも目を配り、アンテナを鋭くしております。一人でも多くの方のご参加をお待ちしております。

〒343-0025　埼玉県越谷市大沢3-19-11
株式会社マルヨシ
TEL: 048-970-0021
E-mail: koyama@0021.to (asakura @ 0021.to)
HP: http://saitama-m.z-souzoku.com/

ふじみプラバンス相続サポートセンター

お客様お一人おひとりに寄り添い、円満な相続ができるように誠心誠意サポートいたします。

代表コンサルタント 金田隆臣《かねだたかとみ》

上級相続支援コンサルタント、2級ファイナンシャルプランニング技能士、宅地建物取引士、賃貸不動産経営管理士、損害保険プランナー、管理業務主任者、福祉住環境コーディネーター2級、測量士補

お客様お一人おひとりのご事情が違うということを踏まえて、まずはきちんとお話をお伺いすることを心がけております。

その上で、お客様にご納得いただけるご提案をさせていただきます。相続対策がスムーズに完了したお客様からは「お願いして良かった、これでもう安心です」という言葉をいただき、私どもも任せていただいたことを大変うれしく思います。

お子様のいらっしゃらないご夫妻からのご相談では、財産を某団体に遺贈したいとのことで、公正証書遺言の作成をお手伝いさせていただきました。今後はこうしたご依頼も増えてくると思われます。

ご相談に来られるお客様の中には、漠然としたお考えはありながら、実際には手をつけられていないという方が多くいらっしゃいます。そんなときこそ、私どもにご相談いただきたいと思います。

〒354-0021 埼玉県富士見市鶴馬 2608-7
株式会社渡辺住研
TEL: 049-253-0790
E-mail: kanri@w-juken.com
HP: http://fujimi-plb.z-souzoku.com/

埼玉県

平和相続サポートセンター埼玉

相続に関するご相談事は、お客様と同じ目線、同じ気持ちで捉えるようにしています。

代表コンサルタント **小《お》田《だ》切《ぎり》一《かず》仁《ひと》**

上級相続支援コンサルタント、家族信託コーディネーター®、宅地建物取引士

お客様が抱えている表面的な困り事ではなく、根本的な困り事が何かを知るために、「自分がいま何をしたいのか、将来残されたご家族に何をしてあげたいのか」を掘り下げられるような会話を心がけております。

お客様のご相談をお受けしてお話をお聞きするうちに、次第に打ち解けられ、何かのタイミングでとても親しく感じることがあります。最初こそ儀礼的な話し方だったものが、あるときから笑顔が多くなってきます。そんなときには、自分を信頼してくださっているのだと実感し、とてもうれしく思います。

どのお客様とも、このような近い距離感を持てるよう、懇切丁寧な会話で、ご相談をお伺いいたしております。相続に頭を悩ませていらっしゃる方、将来のことを心配されていらっしゃる方、お気軽にご相談ください。

〒335-0021　埼玉県戸田市新曽 2186-1
株式会社平和不動産
TEL: 048-445-5555
E-mail: info@heiwa-saitama.z-souzoku.com
HP: http://heiwa-saitama.z-souzoku.com/

東京相続サポートセンター ESTATE TOWA

自分の親の財産を扱う気持ちで親身になってベストなご提案をいたします。

代表コンサルタント **金《かね》子《こ》祐《ひろ》勝《かつ》**

上級相続支援コンサルタント

相続に関するご相談では、親族の方の価値観がそれぞれ異なります。その際に起こりうる問題や課題を事前にアドバイスし、懇切丁寧にご対応しております。

とくに、私どもが優先することは、お客様の「ご希望」と「ご事情」がどこにあるのかを見極め、ご相談に応じてベストのご提案をさせていただくことです。

これまでのケースでは、相続や不動産の問題に悩まされていた方のご相談に応じ、問題解決と資産価値の向上が行えました。その中でも、旧借地権をお持ちのお客様の建て替えの問題で、大手ハウスメーカーでは対応できなかったことを私どもで解決したこともありました。

今後も不動産オーナー様の相続に特化した「プロのコンサルティング」をご提供いたします。何なりとご相談ください。ご相談は無料です。

〒188-0011　東京都西東京市田無町 2-12-28
株式会社エステートトーワ
TEL: 042-450-6822
E-mail: info-tokyo@et-k.co.jp
HP: http://tokyo-et.z-souzoku.com/

東京都

東京・神奈川相続サポートセンター 東都

相続対策から不動産のご相談まで、東都の総合力で、ワンストップで対応いたします。

代表コンサルタント **高地健太郎《こうちけんたろう》**

上級相続支援コンサルタント、ＡＦＰ、宅地建物取引士、賃貸不動産経営管理士、公認不動産コンサルティングマスター

相続は、非常にデリケートな問題といえます。相談者によっては打ち明けにくい内容を抱えている方も多くいらっしゃいますので、安心してご相談ができるよう、杓子定規な対応はせず、ご相談者と同じ目線で問題解決を進めるようにしています。

また、相続はお一人だけの問題ではなく、ご家族、ご関係者の方にとっても同じような重みのある問題です。そのため、お一人のご意見だけに片寄ることのないように、可能な限り関係者の方々と面談する機会を設けています。

相続対策というと「できるだけ相続税を安くしたい」という節税ばかりにとらわれてしまうイメージがありますが、相談者の方の多くは、お金のこと以外にお子様やお孫様に負担をかけないようにしたいと考えていらっしゃいます。その想いをつなぐことも私どもの大切な仕事だと考えております。

〒201-0014　東京都狛江市東和泉1-6-14
株式会社東都
TEL:03-5761-7930
E-mail: tt_shisan@relo.jp
HP: http://tokyo-kanagawa.z-souzoku.com/

東京MEIWA相続サポートセンター

親切丁寧、当センターだからできる相続対策があります！

代表コンサルタント　小《こ》松《まつ》崎《ざき》祐《ゆう》一《いち》

相続支援コンサルタント、宅地建物取引士、賃貸不動産経営管理士、住宅ローンアドバイザー、投資不動産取引士

お客様がいらっしゃったとき、不安な顔をされている方が多いので、少しでも笑顔になっていただける提案ができるように意識して対応しています。

そのためには、とことんお客様のお話を聞くことが大切だと肝に銘じています。そこからお客様の悩んでいらっしゃることや相続に関しての問題点が見えてきます。そうして初めて適切なご提案ができると思っています。

お客様に共通していることは、「うちの子供たちは仲が良いから、相続で争いが起こることはない」というものです。しかし、そう上手く事は運ばないのが遺産分割のむずかしいところで、相続でもめることは多いのです。

それは財産の多い、少ないに関係なく起こります。財産が預貯金だけであれば、すっきり財産分けもできますが、自宅の土地・建物などの不動産が絡むと、話がまとまらなくなってしまいます。それが原因で仲が良かった兄弟姉妹が仲違いしてしまうというようなことも現実には起こっています。

相続の問題はお元気なうちに、お気軽にご相談いただければと思います。

〒154-0023　東京都世田谷区若林 3-4-11
株式会社明和住販流通センター
TEL: 03-5430-7167
E-mail: info@tokyo-meiwa.z-souzoku.com
HP: http://tokyo-meiwa.z-souzoku.com/

東京都

シティ・ハウジング相続サポートセンター大田品川

「想いをかたちに」専門家があなたの相続を徹底サポート。

代表コンサルタント 林《はやし》 雄《ゆう》一《いち》郎《ろう》

上級相続支援コンサルタント、宅地建物取引士、賃貸不動産経営管理士

ご相談には、事前対策として被相続人の方が来店されるケースと、相続発生後に相続人の方が来店されるケースがあります。その対策方法は、お客様お一人おひとり、千差万別です。誰一人として同じものはありません。

私どもでは、どのようなケースであっても、ご相談者のお気持ちを第一に、その方に合った対策を一緒に考え、親身になって対応させていただいております。

とくに相続発生後は、いかに分割協議をスムーズに進めるかがポイントになります。10カ月以内に分割協議が間に合わないとさまざまなデメリットが生じます。そのようなことにならないよう、ご相談者の財産状況、家族構成、家族間の関係性をお聞きし、円滑に相続が行われるよう、税理士、弁護士、司法書士とも連携して取り組んでおります。相続のご相談は私ども専門家にお任せください。

〒144-0034
東京都大田区西糀谷 4-28-9　OMC ビル 5 階
株式会社シティ・ハウジング
TEL: 03-3742-1500
E-mail: info@city.z-souzoku.com
HP: http://city.z-souzoku.com/

やまと相続サポートセンター 小菅不動産

「心」を込めたサービスで、お客様の「心」をつないでいきます。

代表コンサルタント 飯嶋《いいじま》 実《みのる》

上級相続支援コンサルタント、相続アドバイザー協議会認定会員、CPM®、宅地建物取引士、賃貸不動産経営管理士、損害保険募集人上級資格、生命保険募集人、簿記1級、

弊社では、相続対策セミナーを毎月開催するなど、相続関連の情報を積極的に提供しております が、セミナーへの参加者数や提供した情報への反応から、皆様が「相続」に大きな関心を持っていることがわかります。

国税庁のホームページによれば、相続税のかかる人の総資産のうち約50%が不動産です。相続対策を考えるとき、不動産をどう取り扱うかがとても大切になります。

弊社は賃貸管理をメインとしている不動産会社ですが、不動産の取り扱いに長けているからこそできることがあります。「分割問題でもめて家族がバラバラに……」「納税資金に困り、代々続いた土地を泣く泣く売却した」などのご相談を受けることもあり、そんなケースを一つでもなくしていきたいという思いで対応しております。

お客様の想いを汲み取りながら、ベストなご提案をいたします。

〒242-0014 神奈川県大和市上和田975
株式会社小菅不動産
TEL: 046-267-0765
E-mail: info@yamato-kosuge.z-souzoku.com
HP: http://yamato-kosuge.z.souzoku.com/

神奈川県

鎌倉湘南宅建相続サポートセンター

湘南エリアで半世紀にわたり、先代の思いを次世代につなげるお手伝いをしています。

代表コンサルタント　**清《し》水《みず》 実《みのる》**

上級相続支援コンサルタント、宅地建物取引士、不動産コンサルティングマスター

お亡くなりになられた方が、ご遺族の皆様にどのような思いをお持ちだったか、また、遺産を引き継ぐ皆様がどのようなお気持ちでいらっしゃるのかをお聞きし、相続が「争続」にならないように心がけてお仕事をさせていただいております。

　これまでお付き合いのあった故人の方が生前、「あの会社であれば、信頼がおけるから」とお子様にお話しくださり、相続と相続後のお手伝いをしたことがあります。

　また、相続税の申告をしようと、故人の知り合いの専門家に相談したところ、高飛車な対応をされたということで、当社にご相談され、私どものチームの専門家を紹介したこともあります。

　私どもでは、いつもお客様の心情に寄り添いつつ、故人の方の思い、ご遺族の思いを汲んだ相続のサポートをさせていただいております。お気軽にご相談ください。

〒247-0056　神奈川県鎌倉市大船 1-3-1
グランベスト湘南１F
株式会社湘南宅建
TEL: 0467-44-0888
E-mail: info@kamakura-shonan-takken.z-souzoku.com
HP: http://kamakura-shonan-takken.z-souzoku.com/

湘南相続サポートセンター豊栄

ご相談者に寄り添い、想いの整理に役立つサポートセンターを目指します。

代表コンサルタント **真《しん》道《どう》陽《よう》一《いち》**

上級相続支援コンサルタント、家族信託コーディネーター®、２級ファイナンシャルプランニング技能士、宅地建物取引士、不動産コンサルティングマスター、賃貸不動産経営管理士、２級建築士、既存住宅インスペクター、損害保険募集人、日商簿記1級、第1種消防点検資格者、２級色彩コーディネーター

お客様の想いを明確につかむことを第一に対応しております。相続対策を円滑に進めるためには、なにより現状把握が必要となります。なかでも、家族の人間関係が一番のポイントとなりますから、相続についてご家族と話をすることができれば、相続対策もスムーズに進みます。

私どもでは、財産を託す方の想いや、過去の人間関係の経緯などを理解しつつ、いかにお客様にとって参考になるアドバイスができるかを心がけております。

過去のケースで、ご相談をいただいている段階で相続が発生してしまったことがありました。もっと早めにご準備されていればという思いに駆られました。相続対策は早めに進めることが重要だと痛感しています。

当社のオフィス内には、落ちついてご相談のできるお部屋を用意しております。

〒254-0052　神奈川県平塚市平塚 3-10-25
有限会社 豊栄ハウジング
TEL: 0463-34-6009
E-mail: info@kanagawa-hh.z-souzoku.com
HP: http://kanagawa-hh.z-souzoku.com/

富山県

富山相続サポートセンターASAHI

不動産管理戸数&賃貸契約件数、富山県ナンバーワンの弊社がお客様の問題を解決いたします。

代表コンサルタント　高《たか》野《の》慎《しん》也《や》

上級相続支援コンサルタント、2級ファイナンシャルプランニング技能士、宅地建物取引士、CPM®、投資不動産取引士、賃貸不動産経営管理士、住宅ローンアドバイザー、生命保険募集人、損害保険募集人

私どもの仕事は、それぞれのお客様のご事情に沿った提案をさせていただくことだと思っております。そのためには、お客様からしっかりとヒアリングをし、相続に関わる問題を明らかにした上で、それを解決できるようにサポートすることです。

お客様の中には、安易な共有名義での不動産取得をしていたために、相続の際に思わぬご苦労をされた方、あるいは私どもへのご相談を通して、いままで疎遠だった親族が近しくなり、関係が改善された方など、多くの方がおられます。常に感じることは、最後はご親族をはじめ関係する皆様の気持ちの問題に行きつくようです。

さまざまなお客様との関わりを通して、いかに親身に対応させていただくことが大切かを痛感します。これからも精一杯お力にならせていただきますので、どうぞよろしくお願いいたします。

〒939-8281　富山県富山市今泉西部町 3-9
朝日不動産株式会社
TEL: 076-422-0033
E-mail: am@asahi.acHP
HP: http://toyama-asahi.z-souzoku.com/

いしかわ相続サポートセンター絹川商事

不動産の知識と経験を生かし、“円満で後悔しない相続”の実現をお手伝いします。

代表コンサルタント　**絹《きぬ》川《かわ》忠《ただ》宏《ひろ》**

上級相続支援コンサルタント、ライフコンサルタント、宅地建物取引士、公認不動産コンサルタンティングマスター、賃貸不動産経営管理士

相続のご相談に来られたお客様には、どのようなことで悩んでいらっしゃるのかをじっくりお聞きします。とくに被相続人の「想い」や「損得よりも大切なこと」がないかどうかをお聞きするように心がけています。

ご相談いただいた中には、一次相続で不動産の所有権移転登記が行われないままできてしまい、二次相続で不動産を換価分割しようとして相続人同士がもめてしまったケースがあります。そうならないためにも、早めに相続対策をすることが大切です。

不動産オーナー様の場合、「後継者が決められない」「後継者と対話ができない」「親の考えていることと後継者の考えていることが一致しない」というケースが多いように思います。私どもが間に入って対応することで解決することもあります。お気軽にご相談いただければ親身に対応いたします。

〒921-8811　石川県野々市市高橋町24-3
株式会社絹川商事
TEL: 076-220-6541
E-mail: info@ishikawa-kksj.z-souzoku.com
HP: http://ishikawa-kksj.z-souzoku.com/

大阪府

大阪宅都相続サポートセンター

相続はもちろん、不動産に関わるあらゆるご相談に親身に対応いたします。

代表コンサルタント　**佐々木《ささき》幸司《こうじ》**

相続支援コンサルタント、２級ファィナンシャルプランニング技能士、宅地建物取引士、賃貸不動産経営管理士

私どもを頼っていただいたことを光栄に思い、必ずお役に立てるよう親身な対応を心がけています。まずはお客様のお話をしっかりお伺いし、お客様の想いを受け止めます。その上で、資産全体を把握することが大事であることをご理解いただき、お客様お一人おひとりに寄り添ったご提案をさせていただいております。

以前は、賃貸物件のオーナー様からの家賃やリフォームなどのご相談が中心でしたが、現在ではご家族との関係や資産状況のご相談を受けるようになり、ご信頼いただいております。

また、現在は相続される側より相続する側のお客様の方が危機感を持たれ、ご相談に来られるケースが多い状況にあります。今後は、相続される側のお客様にも、相続対策の必要性を知っていただけるよう、啓発活動にも力を入れて、取り組んで参ります。

〒532-0011　大阪府大阪市淀川区西中島
4-3-24 サムティ新大阪センタービル３階
株式会社宅都プロパティ
TEL: 06-6838-2236
E-mail: info@osaka-t.z-souzoku.com
HP: http://osaka-t.z-souzoku.com/

兵庫プロメイン相続サポートセンター

お客様のお悩みに多方面から解決に導く相続相談の総合窓口です。

代表コンサルタント　松本《まつもと》　智《さとし》

上級相続支援コンサルタント、宅地建物取引士、他

どのお客様も、将来の不安を解消したい、現状をよい方向に変えたいという思いでご相談にみえられます。そのお気持ちを汲み取り、お客様と同じ目線で考え、お役に立てるように心がけております。

多くの方が早めに相続対策を講じようと思いつつ、対応に苦慮されて先延ばしにされてしまうようです。ご相談いただくことで、物事が大きく前進していくことも多く、そのような場面に立ち会うことが喜びにもつながっています。

私どもでは毎月、相続対策セミナー（全7回）を行っております。相続税の試算から不動産の評価、遺言、成年・任意後見、民事信託、贈与、遺産分割、相続登記、境界問題、訴訟に発展した場合の対応策まで幅広く取り扱っております。

相続相談は、電話・Eメール等で無料にて承っており、専任の者が担当しております。

〒651-0093
兵庫県神戸市中央区二宮町1-2-3 マスダビル4・5階
株式会社ハウスプロメイン
TEL: 078-862-3131
E-mail: info@hyogo-pm.z-souzoku.com/
HP: http://hyogo-pm.z-souzoku.com/

岡山県

岡山ありき相続サポートセンター津山

岡山県北で地域密着33年！不動産業をはじめとし、あらゆる相続問題に対応します！

代表コンサルタント **久《く》保《ぼ》勝《かつ》美《み》**

上級相続支援コンサルタント、ファイナンシャルプランナー３級、宅地建物取引士、賃貸不動産経営管理士、不動産キャリアパーソン、公認不動産コンサルティングマスター

相続はデリケートな問題も多いため、お客様が何を求めているのか、どのような状況に置かれているのかを心に留めて、お客様に寄り添った対応をすることを信条としております。

お客様と一緒に考え、相続対策を進めていくには、お客様との信頼関係を築くことが非常に大切だとの思いがあり、多種多様なケースに対応できるよう、常日頃から情報を収集し、知識の修得を心がけております。

ご相談の中には、遺産分割問題で争続に発展してしまったケースがあり、私どものお手伝いで解決に至ったことがありました。そのときにお客様からいただいた感謝の言葉は格別なものでした。お客様の立場に立った対応がいかに大切かを痛感しております。

今後もお客様の想いを受け止めた対応とご提案をさせていただきたいと思っております。

〒708-0004　岡山県津山市山北 770-16
株式会社ありき
TEL: 0868-22-2133
E-mail: info@okayama-ariki.z-souzoku.com
HP: http://okayama-ariki.z-souzoku.com/

広島県

びんご相続サポートセンタータカハシ

不動産業務を活かして、お客様の相続のお手伝いを誠心誠意いたします。

代表コンサルタント **杉《すぎ》野《の》高《たか》弘《ひろ》**

上級相続支援コンサルタント、２級ファイナンシャルプランニング技能士、宅地建物取引士、賃貸不動産経営管理士、管理業務主任者

相続のご相談に来られる方は、十人十色、千差万別であるため、「こういう案件はこうすべきだ」というような先入観は持たないようにしています。

　ご相談を伺う際には、まず当事者（被相続人、相続人など）と相続財産の確認を徹底して行います。相続財産をある程度確定できなければ、対応が不適切になったり、より良いご提案ができなかったりします。そうならないよう、事前のご相談に時間をかけています。

　当サポートセンターは不動産会社が運営しており、分割しにくい財産である不動産について「相続したが、どうすればいいのか」「アパート経営しているが、相続が発生したら、どうすればいいのか」といったご相談に柔軟に対応しております。行政書士法人も併設しており、遺言作成、遺産分割協議書の作成等、専門的な案件にご対応いたしております。

〒729-0111　広島県福山市今津町 5-1-1
株式会社タカハシ
TEL: 084-939-6082
E-mail: info@bingo-tkhs.z-souzoku.com
HP: http://bingo-tkhs.z-souzoku.com/

広島県

広島五日市相続サポートセンター島根不動産

相続の形は十人十色、一つひとつを丁寧に、最適なコンサルティングをいたします。

代表コンサルタント 髙《たか》山《やま》伸《しん》介《すけ》

上級相続支援コンサルタント、宅地建物取引士、賃貸不動産経営管理士、
一級土木施工管理技士、測量士

相続のご相談に当たっては、聞き手に徹するように心がけ、お客様の要望を整理することに注力しています。具体的には、ご家族構成やそれぞれの現状、どのように遺産分割されたいのかをしっかり聞き取り、将来起こりうるトラブルを想定し、より良い分割方法を話し合っています。

お客様と信頼関係を築くことがとても重要で、公正証書遺言から納税資金対策、節税対策のための賃貸マンション建設までをご提案し、被相続人及び相続人の方に安心していただいたことがあります。また、相続税納付期限まで間がない時点でご相談に来られたお客様には、残り少ない期間で顧問の税理士と相談しながら、遺産分割もバランスよく実行し、納税もできたケースもあります。

被相続人のみならず、相続人やそのご家族の協力が相続対策には不可欠だと感じております。

〒731-5136　広島県広島市佐伯区楽々園 4-1-29
島根不動産株式会社
TEL: 082-921-1177
E-mail: takayama2@shimane-fudousan.com
HP: http://hiroshima-itsukaichi-s.z-souzoku.com/

広島相続サポートセンタープランニングサプライ

お客様の相続の場面を通して お役に立てるさまざまな ご提案をご準備いたしております。

代表コンサルタント 國《くに》本《もと》博《ひろ》文《ふみ》

宅地建物取引士

お客様が安心して悩みや困りごとをお話しいただけるように、気持ちに寄り添ってご対応させていただくと同時に、お客様を含めて、ご相続人様全員が納得いただける公平感を大事にするよう心がけております。

この仕事をしていてうれしく思うことは、お客様に相続のご提案をした後に「私に何かあったら、相続人に連絡させますから、あとのことはお願いします」というお言葉をいただいたときです。

お客様のなかには、相続対策のためにアパート建築をされる方もいらっしゃいますが、きちんと相続財産を把握されていないケースが多いように思います。

また、相続対策が終了したと同時に相続が発生することもあります。相続対策は早期にやることが大切だと痛感しております。

ぜひ、私ども専門家にご相談いただければと思っております。

〒730-0053 広島県広島市中区東千田町1-1-61
hitoto広島ナレッジスクエア1F
株式会社プランニングサプライ
TEL: 082-247-4005
E-mail: info@hiroshima-ps.z-souzoku.com
HP: http://hiroshima-ps.z-souzoku.com/

広島県

広島相続サポートセンター良和ハウス

相続でお悩みの方に寄り添って対応いたします。お気軽にご相談ください。

代表コンサルタント **富《ふ》士《じ》井《い》靖《やす》之《ゆき》**

相続支援コンサルタント、2級ファイナンシャルプランニング技能士、宅地建物取引士

お客様のお気持ちに寄り添って、相談内容を親身に伺うことを信条としています。そのためにも、第一にヒアリングを重視し、お客様がどうしたいのか、詳しくお聞きしています。その上で、どういう相続対策をすればいいのか、さまざまな視点から検討し、最善の方法をご提案させていただきます。

これまでのご相談の中で、ご親族同士でもめたケースがあり、話し合いで決着がつかず、裁判に至ったことがあります。その際、私どもが間に入り、事前にさまざまなことを想定することで、お客様に心構えができ、安心してもらえたことがあります。

相続は発生してからではなく、事前準備が重要なのだと感じています。相続が気になったら、私どもにお気軽にご相談ください。懇切丁寧な対応で、お客様のより良き相続対策を考えていきます。

〒733-0002　広島県広島市西区楠木町 2-10-1
株式会社良和ハウス
TEL: 082-509-1001
E-mail: info@hiroshima-r.z-souzoku.com
HP: http://hiroshima-r.z-souzoku.com/

徳島相続サポートセンターCITY

相続に関する不安や疑問に親身にお答えし、的確に最善のご提案をいたします。

代表コンサルタント　松田昂也《まつだこうや》

上級相続支援コンサルタント、２級ファイナンシャルプランニング技能士、宅地建物取引士、ライフコンサルタント、損害保険募集人

お客様の心に寄り添って、よりよい解決策に導くことを念頭にお話をお聴きし、不安を少しでもやわらげることができるように対応しております。

まずは、ご家族関係やご相談者様の疑問点、ご本人やご家族の考えや想いなどをお聴きして、それらを整理することから始めます。同時に、相続に関する基本的な知識や相続の手続きの順序などをしっかりと伝え、スムーズに問題が解決するようにしております。

お客様の中には、多額の相続税の負担で困っている方や、相続争いで調停や裁判に発展する方もおられます。そんな場合には、当社顧問税理士、弁護士、司法書士などの専門家とチームを組み、問題解決に努めております。

相続の相談で多いのが「どこに相談すればいいのか?」「何から進めればいいのか?」といったお悩みです。ぜひ、私ども専門家にご相談ください。

〒770-8054　徳島県徳島市山城西 4-35-2
シティ・ハウジング株式会社
シティ・プラス徳島沖浜店
TEL: 088-678-2200
E-mail: asset@city-housing.net
HP: http://tokushima-c.z-souzoku.com/

香川県

香川相続サポートセンターコスモ

残すべきは貴方の思い、大切な人へ、より良き相続をお手伝いいたします。

代表コンサルタント 野《の》津《つ》靖《やす》生《お》

相続支援コンサルタント、宅地建物取引士、賃貸経営管理士、空き家管理士

お客様の思いを大切にし、事後に憂いのない相続対策をご提案することで、お客様のお役に立ちたいと思っています。

ご相談に当たっては、相談者のお気持ちを十分にお酌み取りすることが重要ですが、一方で相続されるご家族の立場や心情にも極力配慮することを心がけております。それが相続する人、相続される人、双方にとって最良の相続対策につながると信じております。

相続はお客様のプライベートに関わることになりますが、私どもを信頼し、ご家族にも言いづらいことを打ち明けていただいたり、若い頃にご苦労された話をお聞きすることもあります。

そうしてお客様との信頼関係を築きながら、誠心誠意、より良き相続をお手伝いをさせていただきたいと思っております。

〒763-0033 香川県丸亀市中府町 3-1-1
株式会社コスモ不動産
TEL: 0120-34-8000
E-mail: info@cosmo2103.com
HP: http://cosmo.z-souzoku.com/

愛媛相続サポートセンター　一宮興産

お客様の大切な資産である不動産価値を最大化することを目指しています。

代表コンサルタント **秋《あき》山《やま》弥《や》一《いち》**

上級相続支援コンサルタント、宅地建物取引士

お客様の多くは、他人に言いにくいことをお話しされるため、明るく、元気な対応を心がけ、相談しやすい、話をしやすい雰囲気づくりをしています。

被相続人だけでなく、相続人お一人おひとりに詳しく聞き取りを行い、相続対策を行う上でのメリット、デメリットについてもきちんとお伝えするようにしています。

最近では、お子さんのいないご夫婦からの相談も多く、配偶者に財産のすべてを相続させるためには遺言が有効であることなどをお伝えしています。

私どもでは資格の専門性を活かし、所有不動産の分割・評価、相続発生前の対策・準備・遺言作成補助業務から、相続発生後の分割提案・諸手続代行・ご紹介等の慣例業務まで、弁護士や司法書士、税理士、土地家屋調査士等の業務提携先とのネットワークを活かし、的確なご提案を目指しております。

〒792-0829　愛媛県新居浜市松木町 2-48
一宮興産株式会社
TEL: 0897-40-8080
E-mail: akiyama@ichimiyakosan.com
HP: http://ehime.z-souzoku.com

高知県

高知中央相続サポートセンター

資産税に強い税理士や専門士と協力し、相続の悩みや疑問を解決します。

代表コンサルタント **岩《いわ》城《き》智《とも》子《こ》**

上級相続支援コンサルタント、AFP、宅地建物取引士、生命保険募集人、損害保険募集人

お客様がご自分の相続について、どうしたいと思っているのか、その意向を正しく理解することが最も大切なことだと思っております。お客様の感情や表情も見落とすことのないよう、細心の注意を傾けてお話を伺うようにしております。

相続対策に当たっては、被相続人と相続人が前向きに取り組むことが重要です。そうでないと、相続対策はうまくいきません。当事者意識を持っていただき、これまで築かれた財産をどう子孫に引き継ぐか、ご自分の思いを形にしていただければと願っております。

私どもはそうした思いを受け止め、最良の相続対策をご提案させていただきます。相続は誰もが関わる身近なもので、大切な家族の幸福を願いながらもさまざまな悩みや問題が起こります。相談して良かったと思っていただけることが、喜びであり目標です。

〒780-0870
高知県高知市本町 5-1-14　福留ビル1F
株式会社高知ハウス　資産コンサルティングデスク
TEL: 088-855-6370
E-mail: info@kochi-k.z-souzoku.com
HP: http://kochi-k.z-souzoku.com/

福岡県

北九州アンサー相続サポートセンター

あなたに最良の相続を！これが当サポートセンターの願いです！

代表コンサルタント **石《いし》原《はら》孝《たか》七《しち》郎《ろう》**

相続支援コンサルタント、宅地建物取引士

お客様には、言いにくいことがあり、緊張される方もいらっしゃいますので、できるだけリラックスしてお話ししていただけるように努めています。まずは、状況把握をきちんと行い、労を惜しまず何度でもお話を伺い、アドバイスさせていただいております。

相続問題というと、一部の資産家だけの話だと思われがちですが、決してそんなことはありません。「遺産をどう分けるのか？」という分割問題はほとんどの方に関係があり、最も紛争になりやすい問題でもあります。

これを解決するためには、弁護士、税理士、不動産鑑定士など、さまざまな分野の専門家に依頼する必要がありますが、相続に詳しい専門家でなければ、大損することもあります。当サポートセンターでは、相続に強い専門家との連携により、最良の相続対策をご提案させていただきます。

〒802-0061
福岡県北九州市小倉北区三郎丸 3-12-12
株式会社アンサー倶楽部
TEL: 093-951-6160
E-mail: info@kitakyu-ac.z-souzoku.com
HP: http://kitakyu-ac.z-souzoku.com/

福岡県

㈱福岡相続サポートセンター

あなただけの相続チームをコーディネート。笑顔の相続、応援します！

代表コンサルタント **江《え》頭《とう》 寛《ひろし》**

上級相続支援コンサルタント、CFP®、宅地建物取引士、ライフコンサルタント、損害保険プランナー、証券外務員２種

ご相談者様並びにそのご家族の想いに寄り添うことを第一に、遺産分割問題と税金問題の両方にバランスよく対応していくことを心がけております。

お客様の中には、公正証書遺言の作成を予定していながら、直前に亡くなられてしまった方がおり、もう少し早くご相談に乗ってあげられたら、という思いを強く持ちました。また、一次相続のことしか頭にないお客様や、認知症のリスクをあまり理解していないお客様もおりますが、早めの対応がとても大切だと思っております。

これまでに携わった相談案件は、累計で３０００件以上になります。遺言・家族信託・贈与・不動産活用・生命保険活用等を組み合わせた生前対策から、相続発生後の各種手続きや、節税を目指した相続税申告等まで、各専門家（弁護士・司法書士等）とともにご支援しております。

〒810-0001　福岡県福岡市中央区天神 2-14-8
福岡天神センタービル 10 F
株式会社 三好不動産
TEL: 092-716-1237
E-mail: support@e-souzok.com
HP: http://www.e-souzok.com/

大分ぶんき相続サポートセンター

資産だけでなく、お客様の想いを引き継ぐ円満相続のお手伝いをいたします。

代表コンサルタント **佐藤《さとう》 洋《ひろし》**

上級相続支援コンサルタント、家族信託コーディネーター®、宅地建物取引士

お客様に寄り添う気持ちで対応しています。その一方で、相談に来られた方の想いだけに片寄りすぎず、引き継ぐ人、受け継ぐ人、両者にとって最善の方法は何かを常に考えて、中立的な立場でお話を伺うようにしています。

最も大切なことは遺産分割対策です。納税・節税ができたとしても、遺産分割がきちんとできなければ、家族がバラバラになってしまいます。被相続人がどういう想いで資産を築き、どうしてほしいと考えているのか、また、相続人はこれからどうしていきたいのか、お互いの想いを理解し合い、最善の分割対策をした上で、納税・節税へと進めていきます。

引き継ぐ人と受け継ぐ人の想いがすれ違ってしまうと、遺産分割がうまくいきません。私どもが間に入ることで、お互いの意思の疎通を円滑にし、最善を尽くして相続対策をご提案いたします。

〒870-0007　大分県大分市王子南町 5-6
株式会社豊後企画集団
TEL: 097-536-3959
E-mail: info@oita-bunki.z-souzoku.com
HP: http://oita-bunki.z-souzoku.com/

鹿児島県

MBC開発鹿児島相続サポートセンター

不動産売買や土地活用で、お客様の相続対策をコーディネートいたします。

代表コンサルタント **裁《さい》原《はら》正《まさ》和《かず》**

家族信託コーディネーター®、CFP®、1級ファイナンシャルプランニング技能士、宅地建物取引士、公認不動産コンサルティングマスター

こちらの考えを押しつけるのではなく、まずはお客様のお考えをしっかりお聴きすることを大切にしております。

また、ご本人のお気持ちだけでなく、ご家族がどのようなお考えをお持ちなのかを、ご相談者と一緒になって考え、行動することを心がけております。

弊社では、とくに不動産の売買（相続不動産の換金化）のご依頼が多く、「もっと早い段階でご相談をいただけたら、いろいろなご提案ができたのに」と思うことが多々ありました。それがきっかけとなり、ＭＢＣ開発鹿児島相続サポートセンターを立ち上げるに至っております。

弊社の総合力やネットワークを活かし、ご相談者やご家族の皆様の相続や終活のお手伝いをこれからも「お客様のため」に活動してまいりたいと思っております。お気軽にご相談ください。

〒892-8563　鹿児島県鹿児島市樋之口町 1-1
ＭＢＣ開発株式会社
TEL: 0120-216-220
E-mail: sozoku_support@mbckaihatsu.co.jp
HP: http//kagoshima-mbckh.z-souzoku.com/

沖縄不動産相続サポートセンター㈲拓実住宅

家族円満に相続をされたい方、わかりやすく丁寧に寄り添い、サポートします。

代表コンサルタント　**新里《しんざと》紗弥子《さやこ》**

上級相続支援コンサルタント、宅地建物取引士、賃貸不動産経営管理士、損害保険募集人

昭和56年の創業以来、浦添市、宜野湾市を中心に事業を展開しています。相続に関しては、遺言書のないケースがほとんどで、遺産分割協議が進みにくく、とくに不動産の分割についてはどなたも頭を抱えていらっしゃいます。こうしたお客様に寄り添い、不安や悩みを解消できるよう、お手伝いさせていただいております。

そのために、安心してお話しできる空間づくりを心がけ、お客様が何を望んでいるのか、どうしたいのかを汲み取って、分割・納税・節税の総合的な視点を持ち、ご相談を受けております。

お客様の中には20年を超えるお付き合いの方もおり、生前対策として不動産の売却依頼を受け、喜んでいただけたことはいまもうれしく思っております。

県内の税理士や司法書士と連携し、相談から解決・運用まで最善の方法をご提案いたします。

〒901-2126　沖縄県浦添市宮城 1-28-3
有限会社拓実住宅
TEL:098-878-9993 ／ 098-879-0241
E-mail: info@okinawa.z-souzoku.com
HP: http://okinawa.z-souzoku.com/

沖縄県

大鏡相続サポートセンターおきなわ

お客様の相続の問題点を見極め、専門的な観点から分析し、検討・提案・実行支援を行います。

代表コンサルタント　**仲《なか》間《ま》径《けい》祐《ゆう》**

相続支援コンサルタント、家族信託コーディネーター®、２級ファイナンシャルプランニング技能士、トータル・ライフ・コンサルタント、宅地建物取引士、損害保険募集人

ご相談者が両親であれ、子供であれ、相続が「争続」にならないように心を配って対応しております。また、ご相談者がお元気なうちに、ご希望に添ったご提案ができるように心がけています。

これまでも、90歳代のお客様のご相談を受け、お子様に生前贈与契約を行い、公正証書遺言を作成した矢先に、ご本人が体調を悪くされ、２週間後にお亡くなりになってしまったことがありました。公正証書遺言を作成した折には、ご自宅を訪問し、公証人と司法書士も立ち会いの下、私も直接、お話しさせていただいたのですが、突然のことに驚くと同時に、やはり相続対策はできるだけ早く行っておくことが大事だと痛感した出来事でした。

これからも、一人でも多くの方のご相談をお受けし、ご希望どおりの相続対策をご提案できるようにしていきたいと思っております。

〒901-0152　沖縄県那覇市字小禄 912-1
大鏡建設株式会社
TEL: 098-857-3732
E-mail: k-nakama@daikyo-k.net
HP: http://daikyo.z-souzoku.com/

てるまさ沖縄相続サポートセンター

建築・不動産・介護での経験と実績、グループ力でお客様へ最適なご提案をします。

代表コンサルタント　**喜《き》瀬《せ》周《しゅう》二《じ》**

相続支援コンサルタント、家族信託コーディネーター®、宅地建物取引士、賃貸不動産経営管理士、任意売却取扱主任者、測量士補

お客様の話したいことを尊重し、傾聴する姿勢で無理に聞き出さないようにしています。お客様が自然と話をされるようなリラックスした雰囲気をつくるように心がけております。

相続について悩んでいらっしゃる内容をお聞きするとともに、ご家族にもご自分の思いを伝えてもらうようにします。そして、相続についてご家族で話し合ってもらいます。とくに借地問題や土地活用について、ご家族で話し合っていないことが多く、財産を受け継ぐ方のお気持ちがわかりません。まずは、そこから具体的な相続対策が始まると思います。

相続は、お客様のプライベートに関わるため、最初は話しにくそうになさっていますが、次第に打ち解けて話していただけるようになると、相続対策についてのご提案もしやすくなります。まずは、お気軽にご相談ください。

〒901-1103
沖縄県島尻郡南風原町字与那覇511-1
有限会社照正興産　TEL: 050-3538-2038
E-mail: info@terumasa.z-souzoku.com
HP: http://terumasa.z-souzoku.com/

TOPICS
トピックス

約40年ぶりとなる相続制度の見直し

相続法改正目前!?

相続法については、昭和55年に配偶者の法定相続分が引き上げられて以来大きな改正なく今日に至っていますが、その間、我が国の相続の状況は様変わりしました。昔は被相続人の年齢が60～70代だったのが、今では80～90代が平均です。それに伴い、相続人の年齢も高くなってきています。

そのような中、特に残された配偶者の生活保障の問題が大きくクローズアップされ、また、介護や病気治療や認知症の問題も増えてきています。

そのような状況を踏まえて、法制審議会で3年間審議されてきた相続法の改正案が今年の通常国会に提出されました。改正案の概要は次の通りです。

①配偶者の居住権を保護するための方策

(ア)短期居住権の新設

配偶者が遺産である自宅建物に住んでいた場合には、「遺産分割により自宅建物の承継者が確定した日」又は「相続開始の時から6ヶ月を経過する日」のいずれか遅い日までの間、配偶者は無償でその自宅建物を使用する権利を無条件で取得することとする。

これにより、遺言や遺産分割で誰が自宅建物を相続することになったとしても、配偶者は一定期間この自宅に住み続けることができるようになります。

(イ)長期居住権の新設

配偶者が自宅建物に住んでいた場合には、(a)遺産分割(b)遺贈(c)死因贈与契約のいずれかにより、終身又は一定期間、配偶者は無償で使用する権利を取得することとする。

短期居住権とは異なり無条件に認められるわけではなく、遺言による指定や遺産分割協議で合意があったときに、配偶者にはこの長期居住権が認められます。ただし、この居住権の評価額が幾らとなるのかは未定です。

②遺産分割に関する見直し

(ア)配偶者保護のための方策(持戻し免除の意思表示の推定)

婚姻期間20年以上の夫婦の一方である被相続人が、配偶者に対し、その自宅建物又はその敷地について遺贈又は贈与をしたときは、持戻し免除の意思表示があったものと推定して、遺産分割や遺留分の対象財産から除外することとする。

(イ)仮払い制度等の創設・要件明確化

各共同相続人は、遺産に属する預貯金債権のうち、その相続開始の時の債権額の3分の1に当該共同相続人の法定相続分を乗じた額については、単独でその権利を行使することができることとする。

③遺言制度に関する見直し

(ア)自筆証書遺言の方式緩和

財産の全部又は一部の目録を添付する場合には、その目録については、自書でなくても可とする。ただし、その目録ページには遺言者の署名・押印が必要。

(イ)自筆証書遺言の保管制度の創設

遺言者は、特定の法務局に対し、自筆証書遺言の保管を申請することができるものとする。また、これにより保管された遺言書は、相続発生後の検認手続きを不要とする。

④遺留分制度に関する見直し

(ア)遺留分減殺請求権の効力及び法的性質の見直し

遺留分権利者は、受遺者又は受贈者に対し、遺留分侵害額に相当する金銭の支払いを請求することができるものとする。

(イ)遺留分算定方法の見直し

相続人に対する特別受益は、相続開始前10年間にされたものに限り、その価額を遺留分の対象財産の価額に加えるものとする。ただし、当事者双方が遺留分権利者に損害を与えることを知って贈与したときは、10年前の日より前にされたものも遺留分の対象とする。

⑤相続人以外の者の貢献を考慮するための方策

相続人以外の親族が無償で被相続人の療養看護その他の労務の提供を行って被相続人の財産の維持又は増加について特別な寄与をした場合には、相続の開始後、その者は相続人に対し、特別寄与者の寄与に応じた額の金銭の支払いを請求することができるものとする。

今後の国会審議などによって、法制化されるまでに内容が変わる可能性もありますし、施行時期も未定です。改正が決まれば、作成済みの遺言書の内容の修正も含めて、根本的な相続対策の見直しが必要になるかもしれません。今後の動向を大いに注視しましょう。

あとがき

日本は先進国の中でもトップレベルの長寿社会になり、生涯現役の方も増えています。「自分はまだ若い」と思い、「相続なんて辛気くさいことは考えたくない」という人もいることでしょう。

しかし、相続対策を考えることは、自分の財産をどう子孫に継承させるかを考えることでもあります。それは自分の思いを子孫に託すことにほかなりません。

本書に書いたことは、相続対策の基本です。読んだだけで満足せず、ぜひ、実行してください。

相続対策は考えているだけでは、何もしないのと同じです。「そのうち、やればいいだろう」と思っているうちに、突然、相続が発生することもあるのです。人間、亡くなるときは選べません。いつ、その日が来てもいいように準備することが大切なのです。

あるいは、いつの間にか認知症になっていた、などということもあり得ます。そうなってしまっては後の祭りです。自分の思いを子供たちに伝えることもできません。

幸せな人生の締めくくりとして、相続対策に取りかかっていただきたいと切に願っています。本書を最後までお読みいただき、本当にありがとうございました。

江頭　寛

「全国相続サポートセンター」加盟店一覧

平成30年4月末現在

サポートセンター名	運営会社名	所在地	電話番号
リアルター旭川相続サポートセンター	株式会社リアルター	北海道旭川市	0166-37-7722
北見セクト相続サポートセンター	株式会社セクト	北海道北見市	0157-23-2183
盛岡アート相続サポートセンター	株式会社アート不動産	岩手県盛岡市	019-636-3241
仙台やまいち相続サポートセンター	株式会社山一地所	宮城県仙台市	022-344-7181
仙台平和相続サポートセンター	株式会社 平和住宅情報センター	宮城県仙台市	022-234-6011
秋田住宅流通相続サポートセンター	株式会社 秋田住宅流通センター	秋田県秋田市	018-824-5000
郡山相続サポートセンター郡中	株式会社 郡中ビルディング	福島県郡山市	024-934-6011
栃木相続サポートセンター三和	株式会社三和住宅	栃木県那須塩原市	0287-36-5353
群馬総合土地販売相続サポートセンター	株式会社 群馬総合土地販売	群馬県高崎市	027-323-5515
さいたまシンコー相続サポートセンター	株式会社 シンコーハウス	埼玉県久喜市	0480-21-2134
埼玉フレンド相続サポートセンター	株式会社フレンドホーム	埼玉県幸手市	0480-43-0021
埼玉相続サポートセンターマルヨシ	株式会社マルヨシ	埼玉県越谷市	048-970-0021
ふじみプラバンス相続サポートセンター	株式会社渡辺住研	埼玉県富士見市	049-253-0790
平和相続サポートセンター埼玉	株式会社平和不動産	埼玉県戸田市	048-445-5555
千葉相続サポートセンターepm	epm不動産株式会社	千葉県木更津市	0438-98-6300
ちばPMA相続サポートセンター	株式会社PMAカンパニー	千葉県鎌ケ谷市	047-442-1102
東京相続サポートセンター ESTATE TOWA	株式会社 エステートトーワ	東京都西東京市	042-450-6822
東京・神奈川相続サポートセンター東都	株式会社東都	東京都狛江市	03-5761-7930
東京MEIWA相続サポートセンター	株式会社 明和住販流通センター	東京都世田谷区	03-5430-7167

サポートセンター名	運営会社名	所在地	電話番号
シティ・ハウジング 相続サポートセンター大田品川	株式会社 シティ・ハウジング	東京都大田区	03-3742-1500
かわさき相続サポートセンター エヌアセット	株式会社エヌアセット	神奈川県川崎市	0120-007-413
多摩・県央オリバー 相続サポートセンター	株式会社オリバー	神奈川県相模原市	042-753-7111
やまと相続サポートセンター 小菅不動産	株式会社小菅不動産	神奈川県大和市	0120-68-0765
鎌倉湘南宅建相続サポートセンター	株式会社湘南宅建	神奈川県鎌倉市	0467-44-0888
湘南相続サポートセンター豊栄	有限会社 豊栄ハウジング	神奈川県平塚市	0463-34-6009
新潟しなの相続サポートセンター	信濃土地株式会社	新潟県新潟市	0120-315-848
富山相続サポートセンターASAHI	朝日不動産株式会社	富山県富山市	076-422-5566
金沢のうか不動産 相続サポートセンター	株式会社苗加不動産	石川県金沢市	076-222-7767
いしかわ相続サポートセンター 絹川商事	株式会社絹川商事	石川県野々市市	076-220-6541
富士ハウシード相続サポートセンター	株式会社ハウシード	静岡県富士市	0545-53-3169
京都グッドライフ相続サポートセンター	株式会社グッドライフ	京都府京都市	0120-899-622
京都フラット相続サポートセンター	株式会社 フラットエージェンシー	京都府京都市	075-431-1515
大阪宅都相続サポートセンター	株式会社 宅都プロパティ	大阪府大阪市	06-6838-2236
大阪トラスト相続サポートセンター	株式会社 トラストエージェント	大阪府大阪市	06-6314-6348
アスパ大阪相続サポートセンター	株式会社関西建設	大阪府大阪市	06-6266-6060
兵庫プロメイン相続サポートセンター	株式会社 ハウスプロメイン	兵庫県神戸市	078-862-3131
北近畿豊岡ライフィット 相続サポートセンター	株式会社ライフィット	兵庫県豊岡市	0120-930-023
岡山ありき相続サポートセンター津山	株式会社ありき	岡山県津山市	0868-22-2133

サポートセンター名	運営会社名	所在地	電話番号
びんご相続サポートセンター タカハシ	株式会社タカハシ	広島県福山市	084-939-6082
広島五日市相続サポートセンター 島根不動産	島根不動産株式会社	広島県広島市	082-921-1177
広島相続サポートセンター プランニングサプライ	株式会社 プランニングサプライ	広島県広島市	082-247-5899
広島相続サポートセンター 良和ハウス	株式会社良和ハウス	広島県広島市	082-509-1001
徳島相続サポートセンターCITY	シティ・ハウジング 株式会社	徳島県徳島市	088-678-2200
香川相続サポートセンターコスモ	株式会社コスモ不動産	香川県丸亀市	0877-25-0856
えひめ三福相続サポートセンター	株式会社 三福管理センター	愛媛県松山市	0120-329-571
愛媛相続サポートセンター 一宮興産	一宮興産株式会社	愛媛県新居浜市	0897-40-8080
愛媛まつやま相続サポートセンター ライコン	株式会社ライコン	愛媛県松山市	0120-953-476
高知中央相続サポートセンター	株式会社高知ハウス	高知県高知市	088-855-6370
北九州アンサー相続サポートセンター	株式会社 アンサー倶楽部	福岡県北九州市	093-951-6139
㈱福岡相続サポートセンター	株式会社三好不動産	福岡県福岡市	092-716-1237
福徳相続サポートセンター長崎	株式会社福徳不動産	長崎県長崎市	095-816-2919
熊本コスギ相続サポートセンター	株式会社コスギ不動産	熊本県熊本市	0120-750-539
大分ぶんき相続サポートセンター	株式会社豊後企画集団	大分県大分市	097-536-3959
MBC開発鹿児島相続サポートセンター	MBC開発株式会社	鹿児島県鹿児島市	0120-216-220
沖縄不動産相続サポートセンター ㈲拓実住宅	有限会社拓実住宅	沖縄県浦添市	098-878-9993
大鏡相続サポートセンターおきなわ	大鏡建設株式会社	沖縄県那覇市	098-857-3732
てるまさ沖縄相続サポートセンター	有限会社照正興産	沖縄県島尻郡	050-3538-2038

子1	子2	子3
万円	万円	万円
万円	万円	万円
11,000 万円	万円	万円
10,000 万円	万円	万円
万円	万円	万円
万円	万円	万円
万円	万円	万円
万円	4,000 万円	4,000 万円
2,000 万円	4,000 万円	4,000 万円
万円	500 万円	500 万円
万円	万円	万円
万円	万円	万円
13,500 万円	万円	万円
9,500 万円	8,500 万円	8,500 万円
19%	17%	17%
2,266 万円	2,027 万円	2,027 万円

財産一覧の記入例

財産の種類		財産額（課税価格）	配偶者
自宅	土地	10,000 万円	10,000 万円
	建物	4,500 万円	4,500 万円
その他①	土地	11,000 万円	万円
	建物	10,000 万円	万円
その他②	土地	4,000 万円	4,000 万円
	建物	5,000 万円	5,000 万円
自社株		万円	万円
上場株式・有価証券等		8,000 万円	万円
預貯金		10,000 万円	万円
その他		1,000 万円	万円
死亡退職金（500 万円×法定相続人数は非課税）		万円	万円
生命保険金（500 万円×法定相続人数は非課税）		万円	万円
借入金等の債務		13,500 万円	万円
合計財産額		50,000 万円	23,500 万円
取得割合		100%	47%
概算相続税額		11,925 万円	0 万円

※１万円未満の端数は切り上げて算出しています。　※「配偶者の税額軽減」を適用しています。

子1	子2	子3
万円	万円	万円
万円	万円	万円
万円	万円	万円
万円	万円	万円
万円	万円	万円
万円	万円	万円
万円	万円	万円
万円	万円	万円
万円	万円	万円
万円	万円	万円
万円	万円	万円
万円	万円	万円
万円	万円	万円
万円	万円	万円
%	%	%
万円	万円	万円

財産一覧表

財産の種類		財産額（課税価格）	配偶者
自宅	土地	万円	万円
	建物	万円	万円
その他①	土地	万円	万円
	建物	万円	万円
その他②	土地	万円	万円
	建物	万円	万円
自社株		万円	万円
上場株式・有価証券等		万円	万円
預貯金		万円	万円
その他		万円	万円
死亡退職金（500万円×法定相続人数は非課税）		万円	万円
生命保険金（500万円×法定相続人数は非課税）		万円	万円
借入金等の債務		万円	万円
合計財産額		万円	万円
取得割合		%	%
概算相続税額		万円	万円

相続《そうぞく》・認知症《にんちしょう》で家族《かぞく》を困《こま》らせないための
完全対策《かんぜんたいさく》マニュアル

2018年6月18日　初版第1刷

著　者 ―――――――― 江頭《えとう》　寛《ひろし》
発行者 ―――――――― 坂本桂一
発行所 ―――――――― 現代書林
〒162-0053　東京都新宿区原町3-61　桂ビル
TEL／代表　03（3205）8384
振替 00140-7-42905
http://www.gendaishorin.co.jp/
カバー・本文デザイン ―― 中曽根デザイン・中村美喜子
四コマ漫画 ―――――― 石崎伸子

印刷・製本：（株）シナノパブリッシングプレス
乱丁・落丁はお取り替えいたします。
定価はカバーに
表示してあります。

ISBN978-4-7745-1711-7 C0036